■ 採用獲得のメソッド

転職者のための
面接回答例

Example of Answer

はじめに

　転職の面接における面接官の質問には、採用する側が確認したいこと（質問の意図）があり、応募者はそれに適した回答をする必要があります。面接は、あなたが考えていることをダイレクトに伝える場ではなく、企業が求めている人材を想定したうえで、求められている人材であることを、ときには役者になってアピールすることが大切です。

　私はこれまで面接官として1万人以上の面接を行なってきましたが、採用したいと思う応募者は、私の質問の意図を理解し、まさにこちらが求めている回答をする応募者でした。

　面接では、仕事のとらえ方、今後のビジョン、労働条件などあらゆる角度から質問を行ないます。よって志望動機や自己PRをうまく回答できても、ビジョンや労働条件などの質問に対し、面接官が求めている回答と異なれば、採用には至りません。

　本書では、第1章で、面接で押さえておくべきポイント、定番質問の回答ポイントなどについて解説しています。第2章からは、予想されるあらゆる質問に対し、面接官の質問の意図と模範回答、NG回答を書かせていただきました。面接を成功させるために、あらかじめ想定される質問とその意図をとらえ、面接官から求められている回答を準備して臨んでください。

　本書には、面接官が応募者を前にしたときに「知りたい」と思うことを引き出すために投げかける具体的な質問内容を数多く掲載しました。質問の意図と併せて理解を深められるようにしているので、たとえ異なる言葉による質問をされても、その意図を想定でき、求められる回答ができるようになるでしょう。

　本書を活用し、ほかの応募者より優位に立ち、選ばれる応募者になってください。一人でも多くの方が採用を獲得できるよう、心から願っています。

谷所　健一郎

採用獲得のメソッド
転職者のための
面接回答例

目次

はじめに……………………………………………………………………3

第1章 転職面接の基本知識　11

- すべての質問には意図がある！………………………………12
- 新卒面接との違いを理解する…………………………………14
- 面接官の視点を理解する………………………………………16
- 求められている職務能力・人物像を想定する………………17
- 発揮できる強みを整理する……………………………………18
- 転職面接の心構え………………………………………………19
- 面接の流れを理解する…………………………………………20
- オンライン面接の対策…………………………………………21
- 好感を持たれる身だしなみ・マナー…………………………22
- 見えない言葉を意識する………………………………………23
- 30秒～1分以内の回答でインパクトを与える………………24
- 職務経験の回答…………………………………………………25
- 転職・退職理由の回答…………………………………………26
- 志望動機の回答…………………………………………………27
- 自己PRの回答……………………………………………………28
- 未経験の職種の回答……………………………………………29
- 1次面接・2次面接・役員面接の回答…………………………30
- 圧迫面接の回答…………………………………………………31
- 採用される面接チェックポイント……………………………32

第2章 押さえておくべき 定番質問と回答例

33

Q1	これまでの仕事についてお話しください。	34
Q2	職務経験について簡潔にお話しください。	36
Q3	自己紹介をお願いします。	38
Q4	これまでの経験から当社で生かせることをお話しください。	39
Q5	未経験の職種ですがこれまでの経験で生かせることがありますか?	40
Q6	仕事での成功体験を教えてください。	41
Q7	仕事での失敗体験を教えてください。	42
Q8	前職の実績や評価を具体的に教えてください。	43
Q9	人間関係で困ったことがありますか?	44
Q10	仕事をするうえで心掛けていることは何ですか?	45
Q11	チームで仕事をしたことがありますか?	46
Q12	当社で生かせる職務経験についてお話しください。	47
Q13	退職理由を教えてください。	48
Q14	転職理由を教えてください。	50
Q15	在職中ですが、いつから入社できますか?	52
Q16	業績不振のためとありますが、具体的にお話しいただけますか?	53
Q17	前職を辞めてブランクがありますが、何かされていましたか?	54
Q18	会社都合による退職が多いですね。	55
Q19	前職を短期間で辞めていますがどうしましたか?	56
Q20	両親の介護で辞められたのですか?	57
Q21	前職の会社が倒産したのですね。	57
Q22	志望理由についてお話しください。	58
Q23	当社のことをどの程度ご存じですか?	60
Q24	同業他社と比較して当社がなぜいいのですか?	61
Q25	多くの企業を経験していますが、なぜ当社で仕事をしたいのですか?	62
Q26	どうして未経験の職種を希望するのですか?	63

5

Q27	当社に入社したら何をやりたいですか？	64
Q28	なぜ同職種の仕事へ転職を希望するのですか？	65
Q29	当社が第1志望ではないのですか？	66
Q30	求人広告を見てどう思いましたか？	67
Q31	派遣社員から正社員を希望する理由は？	67
Q32	自己PRをお願いします。	68
Q33	当社で発揮できる強みをお話しください。	70
Q34	長所と短所についてお話しください。	72
Q35	仕事をするうえで大切にしていることがありますか？	73
Q36	自己啓発していることがありますか？	74
Q37	職場の人間関係で困った経験がありますか？	75
Q38	周囲からどのように評価されていると思いますか？	76

第3章 働き方についての質問と回答例 77

Q39	入社したらどのように貢献していただけますか？	78
Q40	5年後にはどんな自分になっていたいですか？	80
Q41	管理職として大切にしていることは何ですか？	81
Q42	今後、仕事についてどのように考えていますか？（女性への質問）	82
Q43	仕事と家庭の両立は大丈夫ですか？（女性への質問）	83
Q44	ご主人が再び転勤になったら？（女性への質問）	83
Q45	希望給与（年収）を教えてください。	84
Q46	希望給与を下回る可能性がありますが、大丈夫ですか？	85
Q47	採用されたらいつから出社できますか？	86
Q48	自宅が遠いようですが、通勤は大丈夫ですか？	87
Q49	転勤は問題ありませんか？	88
Q50	残業がありますが問題ありませんか？	89

Q51	休日出勤がありますが大丈夫ですか？……………………………90
Q52	契約社員からのスタートになりますが大丈夫ですか？……………91
Q53	宿泊を伴う出張がありますが大丈夫？……………………………92
Q54	最初に製造現場を経験するけど大丈夫？…………………………92

第4章 **弱点についての質問と回答例** 93

Q55	転職回数が多いですね。何か理由があるのですか？……………94
Q56	ブランクが長いですが、大丈夫ですか？…………………………95
Q57	短期間で前職を辞めていますが、何かありましたか？…………96
Q58	茶髪や長い髪では、当社で働くことは難しいですね。…………97
Q59	すぐに入社できる方を考えていますが、在職中だと難しいですね。…98
Q60	職場での年齢のギャップは気になりませんか？…………………99
Q61	年齢が高いことで売りとなる強みがありますか？……………100
Q62	当社は若い社員が多いのですが、やっていけますか？………101
Q63	未経験ですが、本当に大丈夫ですか？…………………………102
Q64	募集条件の経験期間を満たしていないようですね。…………103
Q65	前職を体調不良で辞められていますが、大丈夫ですか？……104
Q66	希望する仕事は、前職ではできなかったのでしょうか？……105
Q67	アルバイト経験しかないのですね。……………………………106
Q68	仕事をされた経験がないようですが、大丈夫ですか？………107
Q69	自営業からの転職ですが、再び独立したいと思われるのでは？………108
Q70	英語力が足りないようですが？…………………………………109
Q71	子供が小さいのにフルタイム勤務は大丈夫？…………………109
Q72	大学中退ですが、どうされましたか？…………………………110
Q73	遠隔地からなぜ応募しているのですか？………………………110

7

第5章 その他の気になる質問と回答例

111

Q74	現在の転職活動についてお話しいただけますか?	112
Q75	この仕事で大切なことは何だと思いますか?	113
Q76	今回募集の職種と異なりますが、営業企画はいかがですか?	114
Q77	当社で採用されなかった場合、どうしますか?	115
Q78	これまで何社くらい応募されましたか?	116
Q79	上司と意見が合わない場合、どうしますか?	117
Q80	前職は円満退社ですか?	118
Q81	何か質問がありますか?	119
Q82	仕事をするうえで嫌いなタイプはどのような人ですか?	120
Q83	仕事でうまくいかないとき、気持ちをどうコントロールしますか?	121
Q84	この業界は今後どのようになると思いますか?(経験者への質問)	122
Q85	この業界についてどの程度ご存じですか?(未経験者への質問)	123
Q86	正社員と派遣社員の違いは何だと思いますか?	124
Q87	前職の会社ほど大きくなく何でもやってもらいますが大丈夫?	125
Q88	社外の人々との交流がありますか?	126
Q89	労働環境など整備されていない点がまだまだありますが大丈夫?	127
Q90	当社のホームページは見ましたか?	128
Q91	当社の商品をご存じですか?	128
Q92	大きな病気をされたことがありますか?	129
Q93	緊張されていますか?	129
Q94	休日はどのように過ごされていますか?	130
Q95	仕事のストレス解消法はありますか?	130
Q96	今日はあいにくの天気ですね。	131
Q97	食べることは好きですか?	131
Q98	奥様は転職について何と言っていますか?	132
Q99	実家が自営業だと後を継ぐのでは?	132

第6章 職種別の質問と回答例 133

Q100 これまでの実績をお話しいただけますか?……………………………134
Q101 飛び込み営業で新規顧客を開拓しますが大丈夫ですか?……………135
Q102 これまでの経験を当社でどのように生かせますか?…………………136
Q103 当社で提案できる企画がありますか?…………………………………137
Q104 技術者としての強みをアピールしてください。………………………138
Q105 営業職などへの異動の可能性がありますが大丈夫ですか?…………139
Q106 販売で心掛けてきたことは何ですか?…………………………………140
Q107 当社の店舗に行かれましたか?…………………………………………141
Q108 決算処理の経験はありますか?…………………………………………142
Q109 経理は未経験なのですね。………………………………………………143
Q110 営業事務職として大切にしていることは何ですか?…………………144
Q111 総務職として発揮できる強みをお話しください。……………………145
Q112 人事としてあなたの強みは何ですか?…………………………………146
Q113 採用業務の実績と苦労した点は?………………………………………146
Q114 当社の実績をどう思いますか?…………………………………………147
Q115 これまでの作品で誇れるものは?………………………………………147
Q116 これまでの経験から発揮できる強みは?………………………………148
Q117 製造職として心掛けていることは?……………………………………148
Q118 学校事務職として発揮できる強みは?…………………………………149
Q119 なぜ学校事務職に就きたいのですか?…………………………………149
Q120 前職の管理職経験をお話しください。…………………………………150
Q121 管理職での失敗経験はありますか?……………………………………150

9

第7章 聞きにくい質問（応募者からの逆質問） 151

Q122 どのようなポジションに就ける可能性があるか確認したいとき。………152

Q123 転勤について知りたいとき。………………………………………………153

Q124 残業や休日出勤について知りたいとき。……………………………………154

Q125 育児休暇について知りたいとき。…………………………………………155

Q126 若い社員が多いので平均年齢について知りたいとき。……………………156

Q127 有給休暇を取得できるか知りたいとき。…………………………………157

Q128 営業ノルマがあるか知りたいとき。………………………………………158

おわりに…………………………………………………………………………159

第1章

転職面接の
基本知識

「転職面接と新卒面接の違い」、「面接の流れ
や基本的なマナー」、「好感を持たれる表情
や語調」、「志望動機」、「退職理由」、「自己
PRの回答ポイント」といった基本を押さ
えて、面接の不安を払拭してください。
面接官に好感を持たれる応募者として、質
問の意図を理解した的確な回答を心掛けま
しょう。

すべての質問には意図がある!

質問の意図に沿った回答を

　転職の面接を成功させるポイントは、質問の意図を読み取り、面接官が納得できる回答を行なうことです。面接において、意図のない質問など一つもないことをよく理解しておきましょう。

　転職者は、新卒者と違い経験の長さにかかわらずこれまでの職務経験が"売り"となります。しかし、職務経歴書に記載されている内容の信憑性、応募者の仕事への意欲、組織適応力は、面接を行ない、質問を重ねなければ把握できません。

　面接官は、応募者の本質を見極めるために、あらゆる角度から質問を行ない採否の判断をしているのです。

企業メリットを意識する

　転職では、企業の求める職務が明確なため、質問にもその職務に関することを絡ませてきます。面接官はそれぞれの質問に対し、理想とする回答を想定しています。回答が面接官の質問の意図をくみ取ったものでないと、なかなか採用したいとは思われません。求める職務と関連性のない職務経験を持つ応募者を採用しても、自社のメリットにはならないからです。

　企業は、あなたを採用することで企業メリットがあるかどうかをチェックしています。別の見方をすれば、企業メリットに関係しない、応募者の個人的な事情は、正直どうでもいいのです。

　退職理由を質問したときに、事情を分かってもらいたいと長々と語る人がいますが、面接官は前職の企業を批判し、自分を正当化しようとする応

募者に興味を持ちません。退職理由の質問意図が、組織に適応できる人材か、入社意欲が高いのかを判別することであれば、応募者の前職の批判は面接官が求める回答とは異なります。

また、前職の企業批判は、応募企業の職務などを把握せずに、前職が嫌だから志望している忍耐力のない人材だと受け取られ、採用しても組織に適応できないのではないかと疑われてしまいます。

求められている職務を強調

転職面接で志望動機に関する質問をされたとき、回答が「キャリアを高めたい」あるいは「理想とする企業だから」だと、それは面接官が求める回答とは異なるでしょう。

新卒面接であれば、やりたいことを述べるだけでも一定の理解を示しますが、転職面接で志望動機を聞く質問は、応募者のやりたいことを知りたいのではなく、どのように自社で活躍できる人材か見極めるために行なわれます。転職ではこれまでの経験を生かせることを強調し、応募企業に貢献したいという意志を示す必要があるのです。

また、転職面接では、求められている回答に近づけることが大切です。嘘の回答はいけませんが、わずかな経験でも質問の意図から求められているのであれば、強調してアピールしなければ、採用には至りません。

転職面接のポイント

・面接の質問にはすべて意図がある。
・面接官は、理想とする回答を求めている。
・企業側のメリットを意識する。

質問の意図を理解し、面接官が想定している回答をする。

新卒面接との違いを理解する

新卒面接との大きな違い

　新卒面接と転職面接では、多くの相違点があります。新卒面接とは異なる転職面接の特徴を理解しなければ、転職面接で成功し、採用に至ることはできません。

　新卒面接と転職面接の大きな違いは、新卒面接においては実務経験がない前提で質問が行なわれますが、転職面接は、職務経験期間の長さにかかわらず、実務経験があるプロとして面接が行なわれるということです。つまり新卒面接では「育てていこう」「今後活躍するだろう」という将来性や適性が重視され、回答は「教えられたことを確実に覚えて頑張ります」といった内容でも問題ありません。しかし、転職面接では「短期間で戦力として活躍する」ことが期待されるので、それを具体的に示す必要があります。

実務経験が採否のポイント

　新卒面接では、実務経験の評価材料がないため、仕事へのポテンシャルや学歴が採否の判断材料になります。一方、転職面接は、学歴や在籍した企業ではなく、これまでの職務経験と、企業の求める職務が関連しているかどうかが重視されます。

　また、新卒は就職活動において、会社説明会で企業情報を得ることができますが、転職では、会社説明会で情報を得たり、自ら企業や職種について調べ、これまでの実務経験を生かせるかどうかを判断し、詳しい職種や条件は面接時に面接官から説明を受けます。

確実に入社できることをアピール

　新卒では、企業の会社説明会に参加し、多くの企業の中から自分に合う企業を見つけるというスタンスで面接に臨む人も多いのですが、転職面接では、応募するからには、第1志望の企業でなくても第1志望だと思わせる姿勢が必要です。

　新卒の就職活動は、入社時期が通常4月であり、実際に活動を行なう時期から入社まで時間があります。そのため内定を取っても、さらに就職活動を行なうケースは珍しくありません。しかし、転職は、原則として短期間で入社することが求められます。

　在職中の応募者であっても、入社まで待ってもらえる期間は、通常1カ月から3カ月程度です。転職の面接で入社時期を問われて「これから上司と相談して決めます」という回答であれば、入社時期があいまいで当てにならない応募者だと判断されて採用されません。転職の面接では、時期も含め、確実に入社する意志を示すことが大切です。

新卒面接と転職面接の違い

	新卒面接	転職面接
企業情報・労働条件の説明	学校の資料・会社説明会	自ら収集・通常面接時
採否の判断材料	仕事へのポテンシャル・学歴	求められる職務との関連性
入社時期	通常4月	短期間での入社を求められる
待遇	通常、初任給は決まっている	経験や年齢により異なる

転職面接の特徴を理解しなければ、採用は獲得できない。

面接官の視点を理解する

職務能力・適応力・条件面をチェック

　転職面接では、採用側が求めている職務能力に合致しているか、組織適応力や労働条件に問題がないかを見極めるという視点で質問が行なわれます。このときに応募企業と関連性のない職務経験や、前職の不平や不満を語り始める応募者がいます。もし面接官が聞いてくれたとしても、それは応募者のこれまでの苦労話を知りたいのではなく、苦労した経験が自社の仕事にどのように影響を与えるか見極めているのです。どのような回答も、現在と入社後に貢献できることに焦点を絞って語るべきです。

ネガティブな過去に時間を割かない

　限られた面接時間で、ネガティブな退職理由の説明といった、過去に関する回答に時間を費やされると、面接官は、現在の職務能力や今後の貢献度に関する質問に時間を割けなくなってしまいます。回答のボリュームゾーンは、現在と入社後の職務能力に当てるべきです。時間を割く職務能力の質問に関しては、面接官に納得してもらう回答を行なうために、面接官の視点に立って、即戦力となり貢献できる人材であることを理解してもらうことが大切です。

面接官の視点

・求めている職務能力、労働条件と合致するか。（職務能力・労働条件）
・組織適応力に問題はないか。（人間性）
・自社への思いが強く仕事に意欲的か。（意欲）

求められている職務能力・人物像を想定する

これまでの経験と合致させる

　職務経歴書を丁寧に作成しても書類選考が通らない場合、その原因の多くは、応募企業が求めている人材像を想定せず、ただ職務経験を記載しただけの職務経歴書になっているからです。面接でも同様に、応募企業が求める職務経歴と自身の経験が一致していることを伝えなければ採用には至りません。多くの応募者の中から選ばれるためには、面接官に考えさせるのではなく、自ら応募企業が求めている人材だと伝える必要があります。

求人情報を読み込む

　企業が求めている人材をあらかじめ想定するためには、求人情報をじっくり読み込むことが大切です。求人サイトの募集には、歓迎する人材、スキルといった項目が記載されていることが多いので、この部分とこれまでの経験を照らし合わせてみてください。求人サイトや応募企業のホームページから、会社の方向性や必要としている職務を読み取り、アピールできる職務能力を見極めることも可能です。また、応募企業をしっかり理解していることを示すと、入社意欲が高いと感じてもらえます。受け身の姿勢でいるのではなく、応募企業を知り、積極的に自分をアピールすることが重要です。

求められている職務能力・人物像の把握

・求人募集の内容から想定する。
・企業のホームページから読み取る。
・面接官の言葉から読み取る。

第1章 転職面接の基本知識

発揮できる強みを整理する

職務経験から強みを明確にする

　多くの応募者は、求められている職務能力や人物像の想定と、これまでの職務経験についての説明はできます。しかしそれらをうまくつなげて、強みとしてアピールすることができません。求められている職務能力と、自らの職務経験が共通する部分を箇条書きで書き出してみましょう。書き出したものが、応募企業で発揮できるあなたの強みです。

具体的な経験が信憑性を高める

　強みは、大した経験でなくても、多少誇張してでもアピールする必要があります。アピールする際は、簡潔に実績やエピソードも添えます。あなたしか経験していない具体的な事例に面接官は興味を持ち、応募企業で発揮できる強みとして評価するでしょう。

　あなたの職務能力が応募企業の求める職務能力に合致していることを示せば、不採用にならない応募者になれるのです。

応募企業で発揮できる強みの具体例

・求人戦略を構築し優秀な人材を確保できる。
　＊求人広告、採用手法の見直しを行ない、採用効率を上げた。
・社内研修制度の構築ができる。
　＊新入社員から管理職研修までの研修プランを構築し実践した。
・給与について経理業務との一元化を図れる。
　＊システムの見直しを行ない、作業効率を大幅にアップさせた。

転職面接の心構え

自分という商品を売り込む

　転職面接ではあなた自身を商品かつ営業担当者だと考え、商品を面接官に売り込むイメージで臨んでください。営業担当者であるあなたは、顧客のニーズをつかんだうえで、自社の商品が最適であることを、自信を持って勧めなければいけません。転職面接は、あなた自身が応募企業で発揮できる職務能力を、積極的に売り込むことが大切なのです。

言葉のキャッチボールを意識

　転職面接では、言葉のキャッチボールを意識しましょう。通常の営業では、商品に興味を持った顧客は、営業担当者の言葉にも興味を持ち、より詳しく知りたいと質問を投げかけてくるはずです。転職面接も同様で、面接官があなたの回答に興味を持てば、詳しく知りたいとさらに質問を投げかけてくる状況になります。このような言葉のキャッチボールが行なわれることが理想です。そのためにはあらかじめ、面接官が興味を持つキーワードを用意しましょう。キーワードとは、左ページで説明した、応募者が応募企業で発揮できる強みのことです。

転職面接の心構えのポイント

・自分という商品を売り込む姿勢で臨む。
・面接官との言葉のキャッチボールを意識する。
・興味を持たれるキーワードを投げかける。

第1章　転職面接の基本知識

面接の流れを理解する

最初の5分間が採否を分ける

　通常の面接時間は30分程度と考えてください。もしも、極端に短い面接の場合、面接官が最初から応募者に興味がない、もしくは採用基準を特に設けていないため、原則として誰でも採用するという状況が考えられます。

　通常の転職面接では、最初の5分間が採否を分けると言っても過言ではありません。応募者の入室時の表情、態度から第一印象が決まり、およそ5分間のうちに行なわれる職務経歴や志望動機などの定番質問の回答で、自社にふさわしい人材かをほぼ判断しているのです。

最後の5分間で入社意欲を示す

　最後の5分間では、面接官は応募者が本当に入社する意思があるかどうか見極めます。面接官の「質問はありませんか」という問いに、「ありません」と一言で終わるようだと、内定を出した後に辞退される可能性があるのでは……？ と思われてしまうかもしれません。最後の5分間も気を抜かず、「ぜひ御社に入社して頑張りたいと思います」と入社意欲を言葉で示してください。

面接の一般的な流れ

	質問内容	面接官の思考
入室〜5分	職務経験・退職理由・志望理由	採否の印象を持つ
5〜20分	会社、職務説明、突っ込んだ質問	採否の判断の確証を持つ
最後の5分	応募者からの質問	入社意欲を見極める

オンライン面接の対策

オンライン面接の環境を整える

　オンライン面接では、安定した回線状況でオンライン面接を行なうためにパソコンであれば有線LAN、スマートフォンであれば無線LAN（Wi-Fi）などのネット環境が良いでしょう。部屋の明るさやカメラの高さに注意をして、背景に問題ないことも確認をしてください。イヤホンを使用すると、面接官の声が鮮明に聞こえます。スマートフォンで対応する場合は、固定するためのスタンドを利用すると画面が安定します。

オンライン面接の特徴を理解して臨む

　オンライン面接であっても、対面での面接と同様の服装で臨みます。オンライン面接は、対面の面接と違い、意欲や熱意が伝わりにくいことがあるため、ややボディアクションをつけると良いでしょう。また、面接官の意図がくみ取りにくいことがあれば、確認するようにしましょう。

　用意したメモを見ることは可能ですが、面接官に分からないように自然に回答してください。また、メモを取る場合は断りを入れてから取るようにしましょう。なお、ネット環境のトラブルに備えて企業の連絡先を控えておき、回線がつながらない場合は連絡を入れて指示を仰ぎましょう。

オンライン面接のポイント

・ネット環境を事前に整え、背景や明るさに注意する。
・意欲や熱意はボディアクションでも伝える。
・トラブルに備えて応募企業の連絡先を控えておく。

好感を持たれる身だしなみ・マナー

服装で好感をアピール

　転職面接は、第一印象が重要です。

　男性は日常着ているビジネススーツで構いませんが、折り目がありワイシャツの襟もとが汚れていないか、靴は磨かれているかという点まで気を配ってください。ワイシャツは、白でなくても問題ありませんが、ネクタイをきちんと締め、清潔でさわやかなイメージを心掛けましょう。女性は、派手なアクセサリーやマニキュアは避けてください。

　在職中で職場から直行するためラフな服装で面接を受ける場合は、最初に事情を説明してください。また、オンライン面接では、暗い印象を与えないように、やや明るめの服装で臨むと良いでしょう。

　ヘアスタイルは、男性は長髪ではなくスッキリしたイメージ、女性はなるべく一つに結び、メイクは明るいイメージを心掛けてください。

入室、退室時に好感をアピール

　入室時に「失礼します」と覇気のある声を出して入室し、面接官の前に進んで氏名を伝え、「よろしくお願いします」と挨拶してください。面接官から着席を促されてから、静かに背すじを伸ばして着席します。

　退室時は、面接官の前に立って「ありがとうございました。よろしくお願いします」と挨拶をし、ドアの前で「失礼します」と一礼して退室してください。

　面接時にメモを取る応募者がいますが、取材ではないので、原則として手元には何も置かずに面接を受けます。

見えない言葉を意識する

第1章 転職面接の基本知識

語調・態度・表情が採否を分ける

　転職面接では、回答内容と共に、語調、態度、表情といった見えない言葉（ノンバーバルコミュニケーション）が、採否の判断材料になります。早口でまくし立てるような語調では、面接官は不快感を抱きます。ふてぶてしい態度であれば、既存の社員とうまくやれない人材だと判断されてしまうこともあります。また、緊張すると口角が下がりがちになり、硬い表情に見えます。面接官に好感を持ってもらえるよう、口角を上げることを意識しましょう。

謙虚に自信を持ってアピール

　面接では、高飛車な態度でもいけませんし、弱々しい態度でもいけません。謙虚な姿勢を示しながら自信を持って受け答えしてください。面接官が受ける自分自身の印象を知るためには、模擬面接をビデオに撮影してみると、普段気がつかない表情や語調をチェックできます。

　回答時の視線は、面接官の両目と鼻のトライアングルゾーンもしくは頭部のさらに上を見ると良いでしょう。早口で語る傾向がある人は、ゆっくり話すことを意識し、声が低い人は、半音上げて語るようにしてください。

見えない言葉

語調　早口であれば落ち着いて話す。声のトーンを意識する。
態度　応募企業で活躍する姿をイメージし、謙虚な姿勢でアピールする。
表情　口角を上げて、和らかい表情で臨む。

30秒～1分以内の回答でインパクトを与える

短い中にキーワードを盛り込む

　回答に面接官が興味を示すキーワードを盛り込むことで、相手はさらに突っ込んだ質問をしてきます。それはあなたの回答に興味を持った証拠です。せっかく興味を持ってもらったのに、一つの質問に対して長々と回答すれば、面接官の記憶には残りません。回答に対する質問はなくなり、形式的に次々と質問が行なわれていく面接になります。そうならないためにも、回答時間は30秒から1分以内に収めるように心掛けましょう。とはいえ、「はい」「いいえ」のみの回答では、意欲を伝えられず、面接は白けてしまうので注意しましょう。

自己満足で終わらせない

　回答は、面接官に理解してもらわなければ、意味がありません。自己満足ではなく、面接官が理解できて、印象に残る回答を意識してください。長めの回答であれば、結論を先に述べて、次に裏付けの経験を説明すると、印象に残ります。

　加えて回答時の面接官の表情にも気を配ってください。興味を持っていない、あるいは時計を見るようであれば、回答を簡潔に収めるべきです。

ポイント

・回答は、30秒から1分以内に収める。
・面接官が興味を持つキーワードを盛り込む。
・面接官の表情を見極めながら回答する。

職務経験の回答

第1章　転職面接の基本知識

生かせる職務経験を強調

　何度も言いますが、携わった職務経験をだらだらと回答するのではなく、応募企業で生かせる経験を強調してください。面接官が知りたいのは応募者の職務経験が自社で生かせるかどうかです。

企業名を割愛しない

　原則として勤務した企業ごとに時系列で説明します。派遣社員は派遣元企業が同一であれば、派遣元企業名を述べるだけでも構いませんが、正社員であれば勤務した企業が複数でも、割愛せずに回答してください。

　面接官は、提出された職務経歴書の信憑性についても確認しているので、企業名だけを回答するのではなく、成果や実績を盛り込み回答します。その際はただ職務経歴書を読み上げるのではなく、何を伝えたいのか整理し、記載されている内容を200字程度にまとめておくとよいでしょう。

例）これまでの職務経験についてお話しください。

　大学卒業後○○株式会社へ入社し、総務職として株式管理、社内規定管理、労働環境の整備などに携わってきました。また、対外的な折衝では、車両を本部で一括購入することで、購入経費を10％削減しました。

職務経験の回答ポイント

・原則として時系列で説明し、企業名、成果、実績も語る。
・事前に200字程度にまとめ、回答時間は、長くても1分程度に収める。

25

転職・退職理由の回答

嫌だからではなく、やりたいに転換

　転職・退職理由から、面接官は組織適応力、仕事のとらえ方、職務能力をチェックしています。転職・退職理由の回答は、ネガティブな理由をポジティブに転換することを考えてください。「〜が嫌だから」という理由を「〜がやりたいから」に転換し、志望動機と関連性を持たせると好感を持たれます。

時間をかけず簡潔に説明

　転職・退職理由は簡潔に述べることを意識してください。転職回数が多い場合は、1社ずつ詳細に語っているとそれだけで面接時間の大半を費やしてしまいます。同一の理由であれば、まとめて簡潔に説明しても構いません。退職理由の回答に時間を取られないためにも、あらかじめ職務経歴書に簡潔に記載しておく方法もあります。

例）どうして転職されたいのですか？
　現在経理職として、売掛、買掛、月次、年次決算処理を行なっていますが、今後経営管理面の仕事に携わりたいと考えていたところ、御社の経営企画部門の募集を拝見し、これまでの経験を生かして貢献したいと考え転職を決意しました。

転職・退職理由の回答ポイント

- 「〜が嫌だから」を「〜がやりたいから」に転換し志望動機と関連させる。
- 長くなるようなら、あらかじめ職務経歴書に簡潔に記載しておく。

志望動機の回答

活躍できることをアピール

面接官は志望動機から、なぜ自社に応募するのかという動機だけでなく、自社で活躍できる人材かどうかを見極めています。どの企業でも通用するような志望動機ではなく、応募企業の特徴をとらえたうえで、これまでの経験を通じて貢献したいことを回答してください。

応募するからには第1志望

面接官は、自社が第1志望なのかを見極めています。入社意欲を示すためにも事前に応募企業の研究を行ない、応募企業ならではの独自性を見つけておきましょう。企業情報が少ないと嘆く応募者がいますが、扱う商材、経営ビジョンなどの特徴を、志望動機に盛り込むことはできるはずです。応募企業の業績や労働条件を志望動機として回答すると、状況が悪くなれば再び転職する応募者だととらえられることがあるので注意してください。

例）志望動機をお話しください。

前職では、採用業務、研修業務、社会保険といった人事業務全般に携わっていました。今回御社の採用・研修担当者の求人を拝見し、以前から御社の研修プログラムに大変共感しており、これまでの経験を生かして貢献したいと考え志望させていただきました。

志望動機の回答ポイント
・職務経験を応募企業で生かしたいと伝える。
・応募企業だからこそ入社したい理由を述べる。

自己PRの回答

実務経験に基づく自己PR

　転職面接の自己PRは、学生時代の話ではなく、実務経験に基づく、応募企業で生かせるような回答をしてください。結論を先に述べてから経緯を説明するとインパクトのある回答になります。複数のアピールをする場合は「3点あります、第1に……」などと述べると、面接官が把握しやすく、理解を促す回答になります。

応募企業で生かせる自己PR

　応募企業が求めている職務を想定し、関連する職務を強みとして回答に盛り込んでください。自己PRは、応募企業で発揮できる能力をプレゼンテーションする絶好の機会ですが、自慢話にならないよう注意してください。

例）自己PRをしてください。
　目標の達成に自信があります。前職では雑貨用品の販売をしていましたが、売上目標を達成するために常にお客様の志向や動向を分析し、お客様のニーズに即した仕入れと積極的な販売を行なってきました。その結果、昨年度は10カ月連続で売上目標を達成し、優秀社員賞をいただきました。

自己PRの回答ポイント
- 実務経験に基づくアピールを行なう。
- インパクトがあり、分かりやすいことを心掛ける。
- 応募企業で生かせるPRをする。

未経験の職種の回答

自ら覚える姿勢

　未経験の職種とはいえ、社会人経験がある転職者の面接ではビジネスマナーやコミュニケーション能力を問われます。また、必要な知識やスキルについて自己啓発していることで、短期間で戦力となれる人材だとアピールしましょう。教えてもらうのではなく、積極的に仕事を覚え、新卒新入社員が1年間かけて覚えることを、3カ月で習得するくらいの意気込みが必要です。

職務経歴との関連性

　なぜ未経験の職種を希望するのか、これまでの経験を踏まえて伝える必要があります。これまでの経験が生かせる部分や、職種の経験がなくても学んだ知識で問題がないことをアピールしてください。

例）編集職の仕事は未経験ですね。
　はい。編集職としての経験はありませんが、前職では総務職として年2回発行される社内報の編集に携わりました。取引先にも配布されますので、編集プロダクションと共に企画、取材、原稿作成を行ないました。現在休日を利用し、編集者養成講座で勉強しています。

未経験の職種の回答ポイント

・未経験の職種を志望する具体的な理由を示す。
・短期間で仕事を覚え、戦力になれることをアピールする。
・これまでの経験から生かせる部分をアピールする。

1次面接・2次面接・役員面接の回答

基本路線は変えない

　転職面接は、通常は2次面接、役員面接を行ない採否が決まります。1次面接を通過しているのであれば、基本的に回答内容を変更する必要はありません。むしろ2次、役員面接で、それまでの面接と異なる回答をして、矛盾を生じさせるのは避けるべきです。また、オンライン面接による2次、役員面接では、表情や態度で意欲をアピールすることが難しいため、応募企業で発揮できる職務能力をより具体的に回答する必要があります。

入社意欲・実務能力をアピール

　1次面接は、応募者の職務経験が、求めている職務と合致しており、入社時期を含めた労働条件に問題がないことを重視します。2次面接では、配属部署の上司も加わり、職務能力のほか、既存社員とうまくやれるかどうかを見極めます。役員面接では、1次、2次面接を基に職務能力、自社への思い、待遇面について確認されます。経営者や役員は、なぜ自社なのかという点にこだわります。2次面接以降は入社意欲と発揮できる実務能力を、応募企業の特徴を踏まえて、具体的にアピールしましょう。

1次面接・2次面接・役員面接の回答ポイント

1次面接 職務経験、労働条件に問題がないことをアピールする。
2次面接 応募企業だから入社したいという意志を明確にする。
役員面接 応募企業への入社意欲とできることを具体的にアピールする。

圧迫面接の回答

Yes、Butで乗り切る

　面接では、面接官から厳しい質問や指摘を受けることがあります。その際、面接官は、応募者の回答内容だけでなく、表情や態度をチェックしています。例えば、転職回数やブランクが長いため、自社で本当に仕事ができるのかと指摘されたとき、問題ないという回答でも、表情が強張っていれば組織適応力に問題があると受け取られてしまいます。

　回答内容は、原則として面接官の指摘を否定するのではなく、Yes、Butの回答、つまり「確かにおっしゃる通りかもしれませんが……」と面接官の指摘をまず肯定したうえで、あなたの考えを簡潔に述べてください。

採用したいから指摘される

　面接官が、過去の転職回数やブランクに必要以上にこだわる場合、応募企業で生かせる職務能力がうまくアピールできていないことも考えられます。現在や将来についてのアピールが弱いため、これまでの経験について面接官に指摘されるのです。圧迫面接に動揺せずに、採用したいからこそ厳しい指摘を受けているととらえて回答してください。

圧迫面接の回答ポイント

・厳しい指摘に対して冷静に対応する。
・面接官の指摘を否定せずYes、Butで回答する。
・回答内容だけでなく回答時の表情にも注意する。

採用される面接チェックポイント

面接官のチェックポイントです。面接前に確認してみましょう。

	面接官のチェックポイント	チェック
第一印象	落ち着きがあり、きちんと挨拶できる。	
	口角が上がり、好感が持てる。	
	服装・髪型などに清潔感がある。	
志望動機	応募企業だからこそ入社したい理由を述べている。	
	適性、強みを把握したうえで志望している。	
退職（転職）理由	ネガティブな理由を好機としてとらえている。	
	転職回数は多いが、今後のスタンスがしっかりしている。	
	会社都合による退職の場合、本人の責任は少ない。	
	在職中だが、退職の意志は固い。	
職務経験	これまでの職務経験が自社で生かせる。	
	求めている職務を把握しアピールできている。	
	未経験でも自己啓発しており、前職の経験も生かせる。	
自己PR	自社で生かせる実務面をアピールできている。	
	仕事への意欲、熱意を感じる。	
パーソナリティー	話を聞く態度に好感が持てる。	
	語尾がしっかりして、語りに自信がある。	
	既存社員との協調性に問題がない。	
	話の内容に信憑性があり信頼できる。	
	周囲に気配りができ、場の空気が読める。	
	喜怒哀楽が激しくなく、精神面が落ち着いている。	

第2章

押さえておくべき
定番質問と回答例

「職務経験」、「退職(転職)理由」、「志望理由」、
「自己PR」など、面接で必ず問われる定番
質問。これらを通して、面接官は採用した
い人材かどうかを判断します。
予想されるさまざまな質問の意図、回答の
コツを理解しましょう。

職務経験 Q1　これまでの仕事についてお話しください。

面接官の質問の意図
①求める職務経験・能力と合致しているか？
②職務経歴書の記載内容に信憑性があるか？
③貢献できることを自覚しているか？

回答のコツ
- 求められている職務と共通する部分を強調する。
- 実績や評価を簡潔に盛り込んで回答する。
- できる限り1分程度に収める。

OK 回答例（経理職）

　大学卒業後、○○○株式会社に入社し経理職として、売上管理、月次処理、決算処理業務に携わってきました。売上管理では、支店から送られてくる金額を営業部経由で管理していましたが、❶経理が一元管理を行なうことにより、処理時間削減だけでなく管理資料の作成を1週間早めることができました。❷昨年度から新入社員2名の指導に携わり、週1回勉強会を行なっています。

Point
❶通常業務だけでなく、改善意識を持って仕事に取り組んでいる姿勢を示す。
❷実務能力だけでなく、管理能力もアピールできる。

NG 回答例（経理職）

　大学卒業後、○○○株式会社に入社し経理職として勤務しています。主な業務は、請求書発行と店舗の売上管理ですが、月末はいつも午前0時を過ぎてしまいます。売上が判明しない店舗があるため、管理資料の作成が遅れることも度々あります。新入社員で私以外に2名が配属されましたが、❸忙しい状況に耐えられず辞めてしまいました。経理として決算資料の作成もやりたいのですが、❹そこまで手が回らずできません。

Point
❸仕事の説明から会社批判をうかがわせるため、自社でも同様の問題が生じると考えられる。
❹仕事に対して積極的に取り組む姿勢がアピールできていない。

OK 回答例（技術職）

専門学校卒業後、○○○株式会社でシステム開発に従事しています。⑤家電量販店向け売上、人件費、在庫管理をトータルで行なえるシステムの開発や医療機関向けの管理システムの開発を5名のメンバーで行ない、サブリーダーとしての役割も担いました。⑥納期を順守し開発に携わることを信条としています。

 Point

- ⑤これまで携わった案件を具体的に語っており、実務能力がアピールできている。
- ⑥積極的に仕事に取り組む姿勢が感じられる。

NG 回答例（技術職）

専門学校卒業後、○○○株式会社でシステム開発に従事していますが、⑦顧客の依頼内容や要望が頻繁に変わることや納期の問題で苦慮することがあります。技術面では、⑧使用したことのない言語でもすぐに覚えなければならないことが苦痛です。最近は不況のせいか案件が少なくなり、将来に不安を感じています。

 Point

- ⑦依頼内容や要望に対して、どのように対応したかが述べられていない。
- ⑧強みが伝わらず、現職が嫌だから転職を希望している印象を与える。

OK 回答例（営業職）

名古屋支店に配属になり愛知県のスーパー小売担当として3年間営業に携わりました。競合他社も多いので、⑨売場担当者と信頼関係を構築するために、催事では担当者と共に企画から携わってスーパーの売上に協力した結果、⑩3年間で売上を15％伸ばすことができました。

 Point

- ⑨具体的な営業方法に興味を持たれて、どのような企画なのかさらに質問をしたくなる。
- ⑩実績から回答に信憑性があり職務能力をアピールできている。

NG 回答例（営業職）

名古屋支店に配属になりましたが、東京出身のため名古屋の⑪地域性がなかなか理解できず苦労しました。競合他社が多いため、価格の引き下げを要求されることが多く、納品できない店舗もありました。その後、⑫異動の希望を出して東京本社に配属になっています。

 Point

- ⑪面接官は苦労話を聞きたいのではなく、どのように改善したかを確認したい。
- ⑫名古屋でうまくいかない印象を与える可能性がある。

プロの**アドバイス**

 求められている職務を想定し、何が"売り"になるかを考える。関連する経験を強調し、実績や評価を盛り込んでアピールしよう。

職務経験 Q2 職務経験について簡潔にお話しください。

面接官の質問の意図
① 自社で"売り"となる強みを自覚しているか？
② 前職における人間関係に問題がなかったか？
③ 自社で貢献できることを自覚して説明できるか？

回答のコツ
- 強みを意識しつつ、職務経験を時系列で回答する。
- 実績や評価を盛り込み、実務能力をアピールする。
- 仕事のスタンスから人間性をアピールする。

OK 回答例（総務職）

大学卒業後、○○○株式会社へ入社し、総務職として4年間勤務しています。①文書管理、車両管理、役員会議の資料作成、備品購入といった総務職全般の仕事に携わっています。経費節減にも努め、紙ベースであった保管資料をパソコン管理に切り替え、什器備品の購入を総務で一括して行なうことで、②経費を30％、500万円の削減を達成しました。既存の方法にとらわれず、改善意識を持って仕事に取り組んでいます。

Point
① 携わってきたことを具体的に述べていて、イメージしやすい。
② 経費節減について数値を示しており、実務能力をアピールできている。

NG 回答例（総務職）

大学卒業後、○○○株式会社へ入社し、総務の仕事を4年間行なってきました。主な仕事は車両管理や文書管理ですが、既存の方法に沿って間違いがないように努めてきました。そのほか③社内報の作成では、先輩社員のアシスタントとして社員の取材を行ないました。前職では、営業職が花形であり、④後方部門の事務職は雑用が多く、何でも屋さんのように指示されたことをすぐに行なうことが多かったです。

Point
③ 事実であっても勤続4年で先輩社員のアシスタントでは、職務能力に疑問がある。
④ 仕事に意欲がなく、受け身で仕事をしている姿がうかがえる。

OK 回答例（販売職）

　〇〇〇百貨店に入社し、化粧品売り場で5年間販売を行なっています。接客マナーだけでなく化粧品の専門知識を高めることに努めました。リピーターのお客様も増えて売上を前年対比115％に伸ばすことができました。昨年から売場のチーフとして売上管理、新人スタッフの研修も行なっています。

 Point

- ❺仕事へ前向きに取り組む姿勢を感じ好感を持たれる。
- ❻販売能力があり同様の商品であれば即戦力になるイメージを与える。

NG 回答例（販売職）

　〇〇〇百貨店に入社し、化粧品売り場で販売を行なっていますが、売るのと買うのとでは違うことを実感しました。講習を受けても専門知識や技術を覚えられず、お客様の質問や要望に応えられないことで悩んでいます。上司に相談しても「頑張りなさい」の一言で終わってしまい、転職を考えるようになりました。

 Point

- ❼実感したことではなく、実感してどのように行動したかを知りたい。
- ❽会社や上司の批判に聞こえる。積極的に仕事を行なっている印象を与えたい。

OK 回答例（公務員）

　市役所の市民課で契約社員として、証明書交付、市民異動手続き業務に従事しましたが、常により良いサービスを提供したいという気持ちで仕事に取り組みました。明るく笑顔で分かりやすく説明することを心掛け、お褒めの言葉をいただくことも何度かありました。先月、契約満了にともない退職しました。

 Point

- ❾仕事に前向きに取り組む姿勢を語り、職務能力をアピールする。
- ❿他者評価を簡潔に語ることで、仕事の取り組み方がイメージできる。

NG 回答例（公務員）

　市役所の市民課で契約社員として証明書交付、市民異動手続きを担当しました。契約社員のため、決められた時間に決められたことだけを行なえばよい仕事でしたが、窓口業務も行なったため、市民の方から自分の部署に関係のないクレームやおしかりを受けて嫌な思いをしたこともあります。

- ⓫雇用形態にかかわらず前向きに仕事に取り組む姿勢をアピールする。
- ⓬個人的な意識が強く、嫌な仕事はしないという印象を与える。

プロの**アドバイス**

 長々と話をしてもインパクトを与えない。前向きに仕事に取り組む姿勢を示し、応募企業で発揮できる経験を強調してアピールしよう。

職務経験 Q3 自己紹介をお願いします。

面接官の質問の意図

① 自社で発揮できる実務面の強みを自覚しているか？
② 伝えたいポイントが整理されているか？
③ プレゼンテーション能力があるか？

回答のコツ

● 応募企業で発揮できる強みを意識して語る。
● 結論から先に述べて、結論を裏付ける経験を語る。
● 長々と話すのではなく、伝えたいポイントを整理する。

OK 回答例（販売職）

○○○百貨店で、インテリア部門の販売職として3年間勤務しています。お客様のご要望にお応えするため商品知識だけでなく、ニーズに即した仕入れを行ないました。その結果、今年は前年対比を10%上回る成績を収め、全店の部門売上伸び率で2位を獲得しました。接客マナー、商品知識を生かし、お客様に満足を提供できる専門アドバイザーとして、これまでの販売経験を生かして貢献したいと考えています。

👆 Point

❶ 自己紹介なので、何をやっているか分かりやすく説明する。
❷ 今後やりたいことを簡潔に述べることで、これまでの一連の流れを理解できる。

NG 回答例（販売職）

○○○百貨店に勤務して、3年間インテリアの販売をしています。インテリアにはあまり興味がありませんでしたが、メーカーが行なう研修会に参加することで少しずつ興味がわいてきています。学生時代は携帯電話のお店でアルバイト経験があり、人と話すことが大好きです。逆に座って黙々と行なう事務のような仕事は苦手です。性格が明るく誰とでも親しくなれることが私の強みです。よろしくお願いします。

👆 Point

❸ 抽象的な表現では面接官は好感を持たない。好きなことで何ができるのかまで説明する。
❹ 自己紹介でマイナス面を伝える必要はない。

38

職務経験 Q4 これまでの経験から当社で生かせることをお話しください。

面接官の質問の意図
①求めている職務経験・能力と合致しているか？
②自社の職務についてどの程度理解しているか？
③本気で入社する意思があるか？

回答のコツ
- 求められている職務能力を事前に調べたうえで回答する。
- これまでの経験と合致する部分を回答する。
- 生かせることに信憑性を持たせるため、経験を簡潔に語る。

OK 回答例（営業職）

　これまで培った ❶同業界の営業方法や人脈を生かして、短期間で戦力として貢献できます。食品製造会社の営業職として、大型ショッピングセンター及び百貨店における営業を行なってきましたが、商品の販売だけでなく、❷イベントや催事の企画、陳列等を現場の担当者と行ない、信頼関係を構築して売上を伸ばしました。御社の輸入食品におきましても、新規顧客の開拓を含めて、売上を伸ばしていけるよう頑張ります。

 Point
❶ 最初に結論を述べているので、インパクトを与える。
❷ 具体的な営業手法を語ることで、短期間で戦力になる人材として信憑性がある。

NG 回答例（営業職）

　食品製造会社の営業職としてルートセールスを行なってきました。特にアピールできることはありませんが、❸同じ業界の営業職ですので、業界知識はあると思います。ルートセールスでしたので、新規顧客の開拓などはあまり経験がありません。新規開拓が必要ですと、❹これまでと違い不安がありますができる限り頑張りたいと思います。

 Point
❸ 業界知識だけでは回答として心許ない。業界知識を生かしどのような営業ができるかまで説明する。
❹ 不安な点を聞かれていないので、ネガティブな回答はしない。

職務経験 Q5　未経験の職種ですがこれまでの経験で生かせることがありますか?

面接官の質問の意図

① 前職の経験で何か生かせることがあるか?
② 未経験の職種についてどれだけ理解しているか?
③ 未経験の職種にどれだけ本気で志望しているか?

回答のコツ

● 前職の職務経験で生かせることを具体的に回答する。
● 未経験の職種、業界について事前に詳しく調べる。
● 自己啓発できることがあれば、現在行なっていると回答する。

OK 回答例（事務職・未経験）

店舗において パソコンを使用し、事務の仕事を行なっておりました。また接客経験を生かして、来客応対、電話応対ができます。店舗では接客だけでなく、売上管理、アルバイトのシフト管理、販促ツールの作成を行なってきました。また本部に送る報告書作成もパソコンで行なってきました。現在、パソコンスキルを高めるためパワーポイントを勉強しており、資料作成や販売ツールの作成に生かせます。

👆 Point

❶ 事務職の経験がなくても、事務系の仕事を行なっていたことは面接官の不安を払拭できる。
❷ 自己啓発したスキルで何ができるかまで説明する。

NG 回答例（事務職・未経験）

店舗で接客、販売に携わっていましたので、特にこれといって生かせる部分はありませんが、電話応対などは問題なくできます。パソコンも自分のブログを毎日書いていますので、入力業務でしたら問題なくできると思います。未経験者でも可能ということで応募しましたので、入社できましたら一生懸命仕事を覚えていきたいと思います。

👆 Point

❸ 消極的な姿勢や私生活の内容では、面接官は興味を持たない。
❹ 未経験可能の募集だから未経験者が採用されるわけではなく、自己啓発していることを示す。

職務経験 Q6 仕事での成功体験を教えてください。

面接官の質問の意図
① 自社でも生かせる成功体験か？
② 仕事に対して向上心を持って取り組んでいるか？
③ おごらない謙虚さを持って回答しているか？

回答のコツ
- 応募企業で生かせる成功体験を具体的に語る。
- 成功するまでのプロセス、学んだことを回答する。
- 成功体験を生かして仕事を行なっている姿勢を示す。

OK 回答例（クリエーティブ職）

　ショールームのインテリアコーディネートを手掛けたことです。使いやすさと心地良さをテーマに既存のコーディネートにとらわれない斬新な収納や照明設備を取り入れデザインしました。キッチンの使いやすさとリラックスできるインテリアが優れていると大変好評で、専門誌にも取り上げていただき、前年対比で売上を25％伸ばしました。ユーザーの視点で設計を行なう大切さを、改めて実感しました。

 Point
❶ 具体的な手法を述べることで、成功体験に信憑性を持たせることができる。
❷ 成功体験から得たことや今後に生かせることを述べる。

NG 回答例（クリエーティブ職）

　成功体験といえるかどうか分かりませんが、ショールームでインテリアコーディネートを手掛けたことです。インテリアデザインは大学時代から勉強してきましたが、それまで男性が行なっていたため、なかなかチャンスに巡り合えず学んだことを生かせない日々を送っていました。初めて女性によるコーディネートを行なったのですが、お客様からも大変好評だったと思います。

 Point
❸ 成功体験を質問されているので、謙遜する必要はない。
❹ 男女に関係なく実力があれば機会があるはずと面接官は考えるかもしれない。

職務経験 Q7 仕事での失敗体験を教えてください。

面接官の質問の意図

①失敗体験を仕事に生かしているか?
②失敗体験について責任を転嫁していないか?
③受け身ではなく改善意識を持って仕事に取り組めるか?

回答のコツ

- 失敗体験をどのようにリカバリーしたかまで説明する。
- 失敗したことを仕事でどのように生かしているかを説明する。
- 採用後も起こりうるおそれがある失敗体験は控える。

OK 回答例(営業事務職)

前職で数字を誤って入力し、発注ミスをしてしまいました。そのためオーダーを受けた店舗に納品できない状況が発生してしまいましたが、すぐに近郊の店舗に在庫確認を行ない、納品日前日に商品を融通してもらいトラブルにならずに済みました。この経験を教訓に、発注については、必ずダブルチェックを行なうようにし、その後発注ミスをなくすことができました。

Point

❶どのように問題を処理したかまで簡潔に回答する。
❷失敗を教訓にして、現在では全く問題がないことを回答する。

NG 回答例(営業事務職)

前職で数字を誤って入力し、発注ミスをしてしまいました。普段はミスなどしないのですが、当日上司から緊急の仕事を頼まれていて、本当に困った状態でした。上司であれば部下の仕事量を把握して指示を出すべきですが、思いつきで指示を出す人でしたので、上司としてどうかと思います。幸い発注ミスに早く気づいたため、上司がほかの店舗から商品を融通してもらい解決しました。

Point

❸失敗を責任転嫁しており、上司批判も面接官はマイナスに評価する。
❹自分で解決していないため、今後の教訓になっていない。

職務経験 Q8 前職の実績や評価を具体的に教えてください。

面接官の質問の意図
① 職務経歴書に信憑性があるか？
② 実績や評価と自社の職務に関連性があるか？
③ 目標達成意欲があるか？

回答のコツ
- 面接官が理解できる実績や評価を回答する。
- 応募職種でも同様の実績が上げられることをイメージさせる。
- 実績や評価を得るために行なったことを回答する。

OK 回答例（カスタマーサポート）

❶昨年インターネットで行なわれたお客様満足度ランキングの有線ネットワーク部門で、1位にランクインすることができました。さまざまな年代のお客様に対して、それぞれの方々に合わせたサポートを心掛け、ご理解いただけるまで丁寧にご説明した結果、お客様からお褒めの言葉をいただきました。❷特にインターネットの接続では遠隔操作を取り入れることで、サポート時間の短縮とサービスの向上が図れました。

 Point
❶最初に実績を示すことで、インパクトを与える。
❷サービスの具体的な手法を述べることで、実績を裏付けることができる。

NG 回答例（営業事務職）

課長として課の売上目標を達成することはできませんでしたが、❸部下とのコミュニケーションを取ることで、部下が落ち込まないようにフォローしました。部下からは何でも相談できる兄貴のようだと言われて、管理職としての威厳はないかもしれませんが、❹仲の良い課をマネジメントすることができたと考えています。目に見えない実績かもしれませんが、私自身は大変満足しています。

 Point
❸実績を求められているなかで、役職者として心許ない回答。
❹面接官は実績に疑問を持っている場合、精神論や友達関係のような管理は評価しない。

職務経験 Q9 人間関係で困ったことがありますか?

面接官の質問の意図
① 良好な人間関係を構築できるか?
② 気持ちを引きずらず、切り替えて仕事ができるか?
③ 人間関係を修復する能力があるか?

回答のコツ
- 全くないという回答では、人間性を疑われる。
- 同様の問題が起きることをイメージさせない。
- 修復した方法や良好な人間関係の築き方について回答する。

OK 回答例（営業職）

年上の部下がいたのですが、最初は指示をしてもうまくいかず困りました。年上だということを、意識し過ぎて接していたことで余計な気を遣い過ぎていました。あるとき❶本人と腰を据えて話す機会があり、彼も年下の上司ということを意識し過ぎていたことが分かり、本音で会話ができるようになりました。その後は、❷彼の豊富な人生経験を評価したうえで、仕事では上司と部下として良好な人間関係が構築できました。

 Point
❶人間関係を修復する過程を述べることで、信憑性のある回答になり好感が持たれる。
❷良好な人間関係を構築できたという結果でまとめると評価される。

NG 回答例（営業職）

❸人間関係で困ったことはありません。そもそも仕事で、相手の領域に深く入り込まないようにしていますし、プライベートも同様です。❹親しい関係にならなければ、人間関係で困ることはないと思います。相手と深くかかわることで、うまくいかなくなるのです。私は、人間関係でトラブルを起こしたくないので、上辺だけの付き合いに徹しています。仕事は、自分自身がしっかりしていれば成立するものです。

 Point
❸この質問で困ったことがないという回答では、人間関係が希薄だと評価される。
❹社内外で人間関係が構築できず、偏った性格だと受け取られる。

職務経験 Q10 仕事をするうえで心掛けていることは何ですか？

面接官の質問の意図

① 目的意識を持って仕事を行なっているか？
② 仕事に対して意欲や向上心があるか？
③ 良好な人間関係が構築できる人材か？

回答のコツ

- 企業メリットを踏まえた仕事の取り組み方を回答する。
- 職種にもよるが、チームワークを意識した回答をする。
- 向上心、問題改善意識、迅速な対応、目標達成などを意識する。

OK 回答例（営業事務職）

仕事を行なううえで受け身ではなく、❶常に問題改善意識を持って前向きに仕事をするよう心掛けています。前職では営業事務職として営業資料や販促ツールを作成していましたが、読み手の立場になってレイアウトを工夫するなど、改善を行ないました。❷営業会議で役員から、分かりやすい資料だと評価され、経営会議の資料作成にも携わるようになりました。常に事務スキルも高めていきたいと考えています。

 Point
❶ 問題改善意識というキーワードを先に述べることで、面接官は具体的な経験に興味を持つ。
❷ 他者評価を盛り込むことで、実務能力がアピールできる。

NG 回答例（営業事務職）

❸特に心掛けていることはありません。強いて言えば、❹指示されたことをきちんと行なうことに徹して仕事をしてきました。仕事はやるべきことをきちんとやればいいと思っていますので、あまり意識して考えたことはありません。決められた時間内は、仕事ですから言われたことを黙々とやります。やる気や根気といった掛け声だけ良くて、仕事ができない人に私はなりたくありません。

Point
❸ 面接官との会話に発展せず、気まずい雰囲気になる可能性がある。
❹ この部分を心掛けていることとして、回答することができる。

職務経験 Q11 チームで仕事をしたことがありますか？

面接官の質問の意図
① チームや組織で役割を認識しているか？
② 良好な人間関係が構築できるか？
③ リーダーシップを発揮する人材か？

回答のコツ
- 原則として「ない」という回答では評価されない。
- チーム経験がなければ、共同で行なった仕事について回答する。
- リーダー経験があれば、リーダーシップの心構えを盛り込む。

OK 回答例（システム開発職）

はい。新商品の企画プロジェクトメンバーの<u>サブリーダーとして仕事をしました</u>❶。市場のリサーチ、商品企画、企画の社内プレゼンテーション、関連部署との打ち合わせなどを行ないましたが、最初はなかなかまとまりませんでした。ミーティングを何度か重ねるうちに、<u>プロジェクトの目的を全員で再認識し</u>❷、お客様が満足する製品という観点で全員共通の認識を持つことでき、無事製品化して目標売上を達成できました。

Point
❶ チームにおける役割と行なったことを簡潔に述べる。
❷ チームをまとめる過程とそこから得たものを説明すると、信憑性のある回答になる。

NG 回答例（システム開発職）

<u>チームで仕事を行なったことは今までありません</u>❸。やるべきことが決まっており、ほかの社員と会話をすることや打ち合わせなどはほとんどありませんでした。どちらかというと人見知りですので、黙々と仕事を行なう方が性に合っていると思います。人とかかわって仕事をするのは好きではありません。<u>御社はチームで行なう仕事が多いのでしょうか？</u>❹

Point
❸ 経験がなければ、部署をチームととらえて仕事の進め方を説明することもできる。
❹ この質問では、チームで仕事ができなければ採用されない。

職務経験 Q12 当社で生かせる職務経験についてお話しください。

面接官の質問の意図
① 自社で発揮できる職務能力があるか？
② 過去ではなく自社の視点で考えているか？
③ 自社の職務について的確に理解しているか？

回答のコツ
● 応募企業に求められている職務と職務経験を合致させる。
● 応募企業で活躍する姿をイメージする。
● これまでの職務経験を生かしてできることを具体的に示す。

OK 回答例（経理職）

　経理だけでなく、財務経験がありますので、❶財務面を強化したい御社の意向を踏まえて短期間で戦力となり貢献できると思います。財務面では、❷財務諸表の作成、銀行との折衝業務の経験が生かせます。経営、財務面から、中、長期的な経営資料も作成できます。また前職では2名の新入社員の指導、育成経験がありますので、経理関連の研修も行なうことが可能です。即戦力として御社で貢献できればと思います。

 Point
❶ 求められている職務を理解したうえで、職務能力を発揮できると回答する。
❷ 職務経験を具体的に述べて、できることをアピールする。

NG 回答例（経理職）

　経理、財務経験が生かせると思います。❸御社がどのような職務を求めているかよく分かりませんので具体的にはお答えできません。経理は15年の経験があります。財務面では経理部長と同行し銀行へ資金繰りのお願いをした経験があります。経理、財務経験しかありませんので、ほかの分野で生かせるものはありませんが、❹御社の経理、財務状況が分かれば、この分野では戦力になれると思います。

 Point
❸ 事前に調べておくべきだが、分からなければ面接官に確認したうえで回答する。
❹ 他人事で上から目線の印象を与え、入社意欲が感じられない。

退職理由 Q13 退職理由を教えてください。

面接官の質問の意図

① 志望動機につながる退職理由か？
② 人間関係、職務能力に問題がないか？
③ 仕事の姿勢、意欲に問題がないか？

回答のコツ

- 自己都合であれば、嫌だからではなく、やりたいことにつなげる。
- 人間関係や会社批判は行なわない。
- 会社都合であっても気持ちを切り替えていることを示す。

OK 回答例（人事職）

　前職では、人事として社員研修や人事制度の構築など、幅広い人事の職務に就きたいと考え上司と相談しましたが、❶採用チームからの異動は当面ないということでしたので、退職しました。人事の仕事は、採用した人材が働きやすく、実績を上げ会社に貢献できる環境を構築することが大切だと考えています。❷現在社会保険、労災保険の勉強をしていますので、短期間で戦力になれると思います。

Point
❶ 方向性が明確な点は好感が持てるが、応募企業で実現できることが前提。
❷ 不足している知識について自己啓発していることは評価される。

NG 回答例（人事職）

　前職では、新卒採用に特化した職務に携わっていましたが、採用に伴う❸パンフレットの袋詰めや学生への会社説明会の勧誘など雑務が多く、面接などに携われませんでした。人事部といっても名ばかりで、やっていることは学生のアルバイトと同じような仕事でしたので、なぜ自分がこんなことをしているのかというジレンマがあり、❹もっとキャリアアップしたいと考え退職しました。

Point
❸ 仕事の不満は自社でも同様の問題が起きると面接官は考える。
❹ 会社は学校ではないので、個人的な理由では自己中心的だととらえられる。

OK 回答例（不動産営業職）

　新築マンションの販売を行なってきましたが、マンションのみ販売する会社のため、⑤幅広くお客様のご要望に応えられるように戸建物件も取り扱いたかったことと、将来は法人向けの店舗、事務所など幅広い物件を扱い、⑥不動産販売のスペシャリストとして売上を伸ばしたいと考え退職いたしました。

Point
- ⑤やりたいことが応募企業で可能であることが前提になる。
- ⑥企業メリットを意識した今後の方向性について、面接官は好感を持つ。

NG 回答例（不動産営業職）

　前職では、新築マンションの販売を行なってきましたが、⑦マンションのみしか取り扱えないため、売上が伸びず、今後が心配になり退職しました。昨年から都市型マンション市場の売上は伸びているものの、⑧前職の物件は、郊外が多く手間のかかるわりに売上につながらないジレンマがありました。

Point
- ⑦転職すれば売上が伸びるのかと懸念を抱かれる回答は避ける。
- ⑧事実であってもネガティブな印象を与え、応募者の仕事の姿勢に疑問を持たれる。

OK 回答例（販売職）

　雑貨店の店長として勤務していましたが、担当した店舗の売上は前年対比で伸びていたものの、全店では売上が伴わず、⑨業績悪化のため雑貨部門が閉鎖になり、会社都合で退職しました。商品にも魅力があり残念ですが、⑩気持ちを切り替え、これまでの経験を生かして頑張りたいと考えています。

- ⑨会社都合であれば、業績不振などの理由を簡潔に説明する。
- ⑩予期せぬ転職でも応募企業には関係ないので、気持ちを切り替えて臨むことを示す。

NG 回答例（販売職）

　雑貨店の店長として勤務していましたが、売上が伴わず雑貨部門が閉鎖になり、会社都合により退職しました。ほかの部門への異動を希望しましたが、⑪私の経験では異動できる部署はないと言われました。確かに売上は低迷しましたが、⑫私だけの責任ではありませんので納得できず、大変悔しい気持ちでいっぱいです。

Point
- ⑪職務能力が劣り異動ができなかった印象を与える。
- ⑫責任転嫁をするタイプでネガティブな気持ちをいつまでも引きずっていると受け取られる。

プロの**アドバイス**

　自己都合の退職理由は、やりたいこと、できることを実現するための理由を。会社都合でも好機ととらえて、応募企業で頑張る姿勢を示そう。

退職理由 Q14 転職理由を教えてください。

面接官の質問の意図
① 志望動機に結び付く転職理由か？
② 本気で転職したいと考えているか？
③ 転職理由に信憑性があるか？

回答のコツ
● 在職中であれば求人募集を見て決断したという理由が成り立つ。
● 志望動機と関連させてやりたいことの実現のためという理由にする。
● 転職したい意志が確固たるものであることを示す。

OK 回答例（営業事務職）

　営業事務として入社しましたが、実際は入社後すぐに営業に配属になりました。❶営業事務として営業職の仕事を知ることは大切だと考えますが、上司に相談したところ今後も営業事務に異動になる見込みがないとのことで、短期間でしたが転職を決意しました。❷私も入社前にきちんと確認をしなかったことを反省しています。私の適性の能力を生かせる営業事務職として頑張りたいと考えています。

Point
❶ 異動に対しての理解を示している点と上司に相談したことは評価できる。
❷ 謙虚な姿勢を示すことで、会社批判とは受け取られない。

NG 回答例（営業事務職）

　営業事務として入社しましたが、実際は入社後、話に聞いていたのとは違い、営業に配属されました。話が違うと人事に掛け合いましたが、異動は付きものだという一言で終わってしまい、❸上司や会社に不信感を持ちました。営業職と分かっていたら最初から入社しませんでした。❹労働基準監督署に相談しようか迷っていますが、転職活動を行なっています。

Point
❸ 事実であっても、会社批判、会社への不信感は理解を得られないおそれがあるので、極力避けよう。
❹ 転職を前向きにとらえておらず、転職意欲、熱意が感じられない。

OK 回答例（IT管理職）

社外向けのウェブデザインの制作を行なっていますが、以前より制作から管理まで一貫した仕事に携わりたいと考えていましたところ、⑤御社の通販サイトのウェブ管理者募集の求人を拝見し、転職を決意いたしました。⑥御社ウェブサイトのアクセス数を引き上げ売上に貢献できる作品を制作していきたいです。

Point
- ⑤在職中なので、募集記事が転職を決断させた理由でも構わない。
- ⑥転職理由でやりたいことを明確に語ることで、ポジティブなアピールになる。

NG 回答例（IT管理職）

社外向けのウェブデザインの制作を行なっていますが、⑦競合他社の価格のダンピングが激しく、以前ほど受注できなくなり売上が低迷してきました。このままでは会社が危ないと感じていて、⑧転職したいと考えていましたところ、御社のウェブ管理者の募集を拝見し転職を決断しました。

Point
- ⑦業績が悪いから転職するという理由だけでは、逃げ出す応募者という印象を与える。
- ⑧考えていますという表現では、転職への強い意志が感じられない。

OK 回答例（販売職）

現在総務職ですが、大学時代に家電量販店でアルバイトした経験があり、⑨総務の仕事に就いたからこそ接客や販売により適性とやりがいがあると確信が持てました。⑩大学時代のアルバイト経験や総務における備品購入による交渉力などを生かして短期間で戦力になりたいと考え、転職を決意しました。

Point
- ⑨現職を否定せずやりたいことを実現したい姿勢を示す。
- ⑩転職への意欲が感じられるだけでなく、これまでの経験が生かせることもアピール材料になる。

NG 回答例（営業職）

総務職として車両管理、備品購入を行なっていますが、午後になるとほとんど仕事がなく、⑪時間を持て余しています。年齢が高い社員が多く相談相手にもなりませんし、話も合いません。⑫営業の仕事でしたら外に出られますし、自分で仕事を進められると考え退職したいと思いました。

Point
- ⑪自分から仕事を見つけられない応募者だと受け取られる。
- ⑫未経験の職種についての知識がなく、意識が甘いと受け取られる。

プロのアドバイス
転職の意志が固いことを示し、現職が嫌だという理由ではなく、応募企業でやりたいことが実現できるという志望動機とリンクさせよう。

退職理由 Q15 在職中ですが、いつから入社できますか?

面接官の質問の意図
① 自社が想定している時期に合致するか?
② 自社に本気で転職を考えており、退職できるか?
③ 仕事に対して責任感があるか?

回答のコツ
- 通常1カ月後程度での入社を希望していることを理解し回答する。
- 入社可能日を具体的に示して、転職する意志を示す。
- きちんと引き継ぎをして円満退社することを示す。

OK 回答例(総務職)

　内定をいただきましたら、❶1カ月後には確実に入社できます。本日面接で具体的なお話をお聞きすることができ、より一層御社で頑張りたい気持ちが強くなりました。ありがとうございます。ぜひ御社でこれまでの経験を生かして貢献できればと思います。❷現在行なっている業務をきちんと引き継ぎ退職したいと思いますので、よろしくお願いいたします。

NG 回答例(総務職)

　❸上司に相談をしてみなければ分からず何とも申し上げられません。人数がぎりぎりの状態で仕事をしており人手が全く足りていない状況なので、❹新たに後任者を募集する必要があると思います。入社まで時間がかかるかもしれません。後任者を決めてもらったうえで現在の仕事を引き継ぎ、辞めたいと思います。

Point
❶ 具体的な時期を明確にし、確実に入社できると回答する。
❷ 引き継ぎをきちんと行ない円満退社する姿勢から、仕事への責任感をアピールする。

Point
❸ いつになるか分からないようでは、採用したいとは思わない。
❹ 短期間での入社を希望する企業が多いので、入社まで時間がかかるようでは採用は難しい。

退職理由 Q16 業績不振のためとありますが、具体的にお話しいただけますか？

面接官の質問の意図
①業績不振について責任感を持っているか？
②退職理由について信憑性があるか？
③気持ちを切り替え転職について前向きな姿勢を感じるか？

回答のコツ
- 業績不振を打開するために取り組んだことを説明する。
- 信憑性を疑われているおそれがあるので具体的に回答する。
- 気持ちを切り替え前向きに仕事に取り組む姿勢を示す。

OK 回答例（営業職）

　リーマンショック以降、競合他社との価格競争で売上を伸ばすことができなかったのが原因です。品質重視から低価格志向に移ってしまっていたにもかかわらず、①品質が良ければ売れるという社内の風潮から低価格の商品開発で遅れをとってしまいました。②新たな販路を見出すために積極的な営業を展開しましたが、力及ばず事業部閉鎖という結果になりました。今後はこのことを教訓により利益が出るよう頑張っていきます。

 Point
① 言い訳や責任転嫁をせず業績不振の理由を端的に語る。
② 業績不振を打開するために前向きに仕事に取り組み努力してきたことを具体的に語る。

NG 回答例（営業職）

　リーマンショック以降、競合他社との価格競争で売上を伸ばすことができなかったのが原因です。売上が低迷しているにもかかわらず、③役員は危機感を全く持たず、経費を湯水のように使っていました。このような状況では社員のモチベーションも上がるわけがなく、業績がより落ち込み事業部閉鎖になりました。悔しい気持ちでいっぱいです。④役員がしっかりしていない会社では、社員が可哀そうです。

 Point
③ 事実であっても応募者の一方的な話では、面接官の理解を得られない。
④ 会社批判につながる回答は応募者のイメージをダウンさせる。

退職理由 Q17 前職を辞めてブランクがありますが、何かされていましたか?

面接官の質問の意図

① 仕事への熱意と自社への入社意欲があるか?
② 自社で求めている職務能力があるか?
③ 記載されていない職務経歴がないか?

回答のコツ

● 応募職種で生かせる自己啓発を語り、職務能力をアピールする。
● 職務経歴書に記載していない職務経歴があれば回答する。
● 転職がうまくいかないという理由は避ける。

OK 回答例（経理職）

前職在職中に簿記3級の資格を取ったのですが、よりスキルを高めて仕事がしたいと考え❶退職後集中して勉強を行ない、簿記2級の資格を取得しました。さらに語学力を高めるため、TOEIC700点を目指して自己啓発しています。在職中は休日出勤が多く勉強する時間が取れなかったので、私にとって大変有意義な時間でした。今後は離職期間に学んだ❷知識を仕事に生かして頑張りたいと思います。

👆 **Point**

❶ 応募企業で生かせる自己啓発を伝えることで、職務能力をアピールする。
❷ 学んだことを応募企業で生かしたい姿勢を示す。

NG 回答例（経理職）

前職在職中から❸税理士試験の勉強をしてきましたが、なかなか勉強の時間が取れず、集中して勉強したいと考え退職しました。専門学校に通って1日8時間勉強してきましたが、残念ながら取れませんでした。❹夢を諦めることはなかなかできませんが、生活費も少なくなり働かなくてはいけない状況のため、仕事に就かなければと考え、転職活動を行なっています。

👆 **Point**

❸ 応募企業で生かせる資格でなければ、採用担当者は評価しない。
❹ 採用しても引き続き勉強を続ける状況では、資格を取ったら辞めてしまうと考えられる。

退職理由 Q18

会社都合による退職が多いですね。

面接官の質問の意図
① 本人の問題による解雇かどうか、確かめたい。
② 職務経歴書の退職理由に信憑性があるか？
③ 仕事に対して責任感があるか？

回答のコツ
- 業績不振や倒産であれば、簡潔に理由を説明する。
- 本人の問題であれば、今後改めて仕事を行なう強い意志を示す。
- いずれも業績不振であれば、1社ずつではなくまとめて説明する。

OK 回答例（営業職）

新卒で入社した会社と前職が、いずれも業績不振により事業部が閉鎖になり会社都合で退職しました。❶ 新卒時の会社は、業績を挽回しようと社員が一丸となって頑張りましたが、力及びませんでした。前職では大手ということもあり「何とかなるだろう」という甘さがあったのも事実です。業績の落ち込みから、状況を的確に把握し周囲の風潮に惑わされず、諦めずに行動していく重要性❷を学びました。

 Point
❶ 職務経歴書に簡潔に理由を記載しておけば、面接で問われない。
❷ 今後に生かせることを示すことで、ネガティブな印象を与えず仕事への意欲をアピールできる。

NG 回答例（営業職）

これまで2社業績の落ち込みによる会社都合で退職しました。運が悪いとしか言いようがありません。❸ 新卒で入社した会社は、2年で事業所が閉鎖されてしまい、異動も難しいとのことでした。前職は、特に売上が悪いとは認識していませんでしたが、経費が膨らみ利益を圧迫していたそうです。たまたま会社都合でしたが、こればっかりは入社してみなければ分かりません。❹ 今後は慎重に会社を選びます。

 Point
❸ 他人事のようにとらえていれば、責任感がない応募者だと判断される。
❹ 会社都合でも気持ちを切り替え頑張る姿勢を示すことが大切。

退職理由 Q19 前職を短期間で辞めていますがどうしましたか?

面接官の質問の意図

①職務能力に問題があって辞めていないか?
②人間関係に問題があって辞めていないか?
③仕事の方向性があいまいではないか?

回答のコツ

●会社批判を行なわず、やりたいことの実現に結び付ける。
●職務能力が劣っていた場合でも必ずしもすべて答える必要はない。
●やりたいことの実現といった志望動機に関連させる。

OK 回答例（営業事務職）

　営業事務職として入社したのですが、電話での勧誘と飛び込み営業を行なう営業職の仕事であり、入社前の話と違うため退職しました。入社前にきちんと確認をしなかった私にも落ち度があり、上司と話をしましたが今後も営業を継続してほしいという意向のため、これまで培った事務経験とさらにパソコンスキルを高めて企業に貢献したいと考え、短期間でしたが退職しました。

👆 Point

❶会社批判をせず入社前の職務との相違と説明すれば、一定の理解を得られる。
❷今後やりたいことが応募企業で実現できることが前提になる。

NG 回答例（営業事務職）

　営業事務職として入社したのですが、営業部長の行動に耐えられず退職しました。売上が上がらなければ、営業担当者に 暴言を吐くだけでなく深夜まで飛び込み営業をさせて、月末には架空の売上を計上していたようです。また営業担当者が 帰社するまでなかなか退社できず、残業代も支給されない企業でした。このまま在籍しても良いことはないと考え短期間ですが退職しました。

👆 Point

❸上司の行動や言動が事実であっても一方的な説明のため理解を得られない可能性がある。
❹会社批判と受け取られる回答は、できる限り避ける。

退職理由 Q20 両親の介護で辞められたのですか？

面接官の質問の意図

① 業務に支障を与える状況ではないか？
② 再び同様の問題で退職しないか？
③ 退職理由に信憑性があるか？

回答のコツ

● 現在は業務に支障を与えず、仕事に集中できる環境であると回答する。

OK 回答例（総務職）

前職を退職する6カ月前から父親の介護が必要になり、何とか仕事を続けてきましたが、会社に迷惑をかけられないと考え退職しました。現在は介護施設に入りましたので業務に支障を与えるようなことはありません。緊急時も兄弟が対応しますので、仕事に集中し、成果を出していきたいと思います。

Point

❶ 現在問題が解決されたのであれば、業務に支障を与えないと回答する。
❷ 面接官の不安を払拭するうえでも、仕事への意欲を示す。

退職理由 Q21 前職の会社が倒産したのですね。

面接官の質問の意図

① どのように応募者がかかわっていたのか？
② 倒産について何を考えているか？
③ 気持ちを引きずって応募していないか？

回答のコツ

● 倒産を真摯に受け止める姿勢は大切だが、悲壮感を持たず仕事に対して積極性を示す。

OK 回答例（貿易事務職）

はい。輸出が伸び悩み、会社が倒産しました。倒産後も顧客への対応など倒産処理業務を行ない先月すべて終了しました。倒産した当初は残念な思いでしたが、現在は気持ちを切り替え、このことをきっかけに今まで以上に仕事に打ち込んでいきたいと考えています。培った貿易実務の経験を生かして頑張ります。

Point

❶ 倒産によるトラブルが将来発生しないことを説明する。
❷ 倒産については応募企業に関係がないので、気持ちを切り替え仕事に取り組む姿勢をアピールする。

第2章 押さえておくべき定番質問と回答例

志望理由 Q22 志望理由についてお話しください。

面接官の質問の意図
① 自社で発揮できる職務能力を認識しているか？
② 自社を理解し、入社意欲が高いか？
③ 今後のビジョンが確立されているか？

回答のコツ
- これまでの経験を生かして貢献したい意志を示す。
- 応募企業だからこそ入社したい理由を回答する。
- 今後のビジョンが応募企業で達成できることを示す。

OK 回答例（販売職）

　前職では、アパレル店舗の店長として、①販売、売上管理、仕入れ、スタッフ管理に従事し、お客様のニーズを読み取り、売れる商品の仕入れを行なって売上目標を達成してきました。今回御社の店長候補の募集を拝見し、②御社の素材の良さ、時代のニーズに合ったデザインに以前からとても好感を持っており、これまで培った店長経験を生かして、ぜひとも御社で貢献したいと考え志望しました。

Point
① 応募企業が求めている職務と合致している経験を語り、即戦力として仕事ができることを示す。
② 応募企業だからこそ入社したい理由を語る。

NG 回答例（販売職）

　これまでも店舗の店長として仕事をしてきましたが、御社の店長候補の求人を拝見し、③現職より待遇面が良く、ブランド力もありますので、志望いたしました。特に給与面では、④現職では店長に昇格後残業代が付かないため一般社員より低いことがあり、生活も大変でした。御社の給与であれば、好きな洋服もたくさん購入でき生活も潤うと思い、入社を希望しています。

Point
③ 待遇面や業績といった志望動機では、条件の良い企業へ再び転職すると考えられる。
④ 現職を否定せず応募企業でやりたいことが実現できると語る。

OK 回答例（編集職・未経験）

　⑤編集職に携わりたいと考え、半年前から休日を利用し編集の学校で勉強をしています。大学時代に自主制作した小冊子は、読み手のニーズをくみ取り制作した結果、印刷した1000部が完売しました。⑥御社の求人を拝見し「顧客の心を満たす書籍づくり」という言葉に大変共感し志望しました。

Point

- ⑤未経験の職種では、志望職種に向けて自己啓発していることを示して意欲をアピールする。
- ⑥応募企業だからこそ入社したい具体的な理由を述べる。

NG 回答例（編集職・未経験）

　現在は書店で販売を行なっており⑦編集職にずっとあこがれていました。未経験のため編集職になるのは難しいと考えていたところ、御社の未経験可という求人を拝見し志望いたしました。⑧未経験のためご迷惑をお掛けすることもあるかと思いますが、一生懸命覚えて頑張りたいと思います。

Point

- ⑦あこがれだけでは仕事ができないので、未経験の職種に就くために努力していることを示す。
- ⑧謙遜する必要はない。また、頑張りますだけでは評価されない。

OK 回答例（大学職員・未経験）

　人材派遣コーディネーターとして大学の事務職員の方々と接する機会が多く、大学職員に就きたい気持ちが強くなりました。⑨求職者とのカウンセリングでは多くの若者と接し、また社内外向けの報告書作成業務も行なっています。⑩御校の募集を拝見し、「心を充実させる教育」に共感し志望しました。

Point

- ⑨応募職種で生かせるスキルや知識を示して短期間で戦力になることをアピールする。
- ⑩応募大学だからこそ入社したい具体的な理由を説明する。

NG 回答例（大学職員・未経験）

　人材派遣コーディネーターをしています。⑪学生と接することが多い大学職員は、人が大好きな私にとって適職だと考え志望しました。特に大学は経営が安定しているように感じますので、長く勤務できると考えています。事務職としての経験はありませんが、⑫必要であればパソコンスキルの勉強もしたいと思います。

Point

- ⑪あいまいな志望理由では面接官は興味を示さない。なぜ適職なのか具体的に説明する。
- ⑫必要であればではなく現在も自己啓発していることを示す。

プロの**アドバイス**

 求められる職務経験を把握したうえで、共通する職務経験を強調して回答する。具体的な事例を織り交ぜると高評価につながる！

志望理由 Q23 当社のことをどの程度ご存じですか?

面接官の質問の意図
① 自社についてどの程度理解しているか?
② 自社への入社意欲が高いか?
③ 自社に入社してやるべきことを理解しているか?

回答のコツ
- 事前に応募企業、業界研究を行ない面接に臨む。
- 理解していることを示し、入社意欲をアピールする。
- 理解しているからこそ経験を生かして戦力になれることを伝える。

OK 回答例（営業職）

　❶御社がリフォーム業界で飛躍的に業績を伸ばしていることは以前から存じておりました。特にお客様からのご連絡から60分以内に訪問するサービスは、画期的であり正直驚きました。❷お客様に価格以上の満足を提供するというコンセプトを拝見しましたが、御社の商品やサービス体制からも実感でき、大変共感しています。また過去5年間で、売上を250％伸ばしたことも、お客様の信頼の証しだと思います。

 Point
❶ 以前から知っているという回答は好感が持てる。
❷ 応募するに当たり、さらにリサーチしていることを語ることで、入社意欲をアピールする。

NG 回答例（営業職）

　不動産業界で営業職の経験がありますので、❸リフォーム業界の御社についてもおおよそ理解できます。詳細については入社してみなければ分かりませんが、営業職としてのスタンスは同じだと思います。❹景気が悪いときは、新築を購入できませんので、リフォームするお客様が増えると思います。今後は高齢者が増えていきますので、リフォームの需要は増えるのではないでしょうか。

 Point
❸ どの企業にも通用するあいまいな回答は避ける。
❹ 業界の動向ではなく応募企業について質問をしているので理解力がないと判断される。

志望理由 Q24 同業他社と比較して当社がなぜいいのですか?

面接官の質問の意図

①自社への理解度、思いは本物か?
②他社の動向や業界知識があって応募しているか?
③自社で活躍するイメージを認識しているか?

回答のコツ

●同業他社より優位な点を具体的に示して入社意欲をアピールする。
●業界知識や他社について簡潔に述べて、応募企業の優位性を示す。
●応募企業だからこそ活躍できることを具体的に示す。

OK 回答例(販売職)

　製造から販売まで一貫して行ない、リーズナブルな価格で販売を行なう御社の経営方針に大変共感しています。多くの企業が、製造と販売が分離しているため、お客様のニーズに対応することに時間がかかりますが、御社は、店舗の情報が迅速に製造部門に伝えられ、優れた商品を製造直販で提供できるシステムをお持ちです。その素晴らしさに魅力を感じ、ぜひ御社に入社したいと考えています。

☝ Point

❶他社を批判するのではなく比較をし、応募企業の優位性を示して入社意欲をアピールする。
❷応募企業だからこそ入社したい志望動機を語る。

NG 回答例(販売職)

　多くの企業が製造と販売が分離されているため、価格も高くクレームの対応が遅いように感じています。特にA社の商品を購入したことがあるのですが、値段が高いだけでなく使用して3週間で壊れてしまいクレームを伝えましたが、使い方が悪いと言われて大変不快な気持ちになりました。御社ではそのようなことは決してないと思いますので、気持ちよく仕事ができると思います。

☝ Point

❸面接官から問われない限り、企業名を出すのは慎重にすべき。
❹あこがれだけで応募すれば、理想と現実が異なるため定着しないと考えられる。

志望理由 Q25 多くの企業を経験していますが、なぜ当社で仕事をしたいのですか?

面接官の質問の意図
①キャリアビジョンが確立されているか?
②入社意欲が高くやるべきことを理解しているか?
③組織適応力があり人間関係で問題を起こさないか?

回答のコツ
- 応募企業に入社したい理由と、発揮できる職務能力を伝える。
- 多くの企業を経験したので、経験を生かせるという説明をする。
- 会社批判を行なわず、今後は長く勤務していきたい気持ちを伝える。

OK 回答例(営業職)

御社の「お客様からの紹介件数が飛躍的に伸びている企業」「組織の垣根を越えてお客様満足を提供する企業」という募集記事を拝見し、まさに私が求めている各部門が協力してお客様満足を提供できる営業スタイルだと考えました。これまで不動産業界の多くの企業で培った経験を生かし、お客様から「あなたに任せてよかった」と言われる営業職として御社で長く貢献していきたいと考え志望しました。

 Point
❶応募企業だからこそ入社したい具体的な志望理由を語る。
❷活躍するイメージを与え、長く勤務していきたい意志を伝える。

NG 回答例(営業職)

戸建住宅の営業を3年、マンションの営業を2社で4年経験してきましたが、決して多いとは思っていません。各社それぞれ特徴がありそれぞれの企業でスキルアップできましたので、多くの企業で経験できたことは無駄になっていません。御社はこれまで経験した不動産企業と異なり、製造と営業部門の関係が非常に強いことを募集記事で拝見し、学ぶべきことが多いのではと考え志望しました。

 Point
❸面接官の指摘をいきなり否定すれば、良い印象を持たれない。
❹スキルアップしたい、学びたいという回答は、企業は学校ではないと受け取られる。

志望理由 Q26 どうして未経験の職種を希望するのですか?

面接官の質問の意図
① 未経験の職種に就きたい気持ちが本気か?
② 職務経験を生かして短期間で戦力になるか?
③ 自己啓発していることがあるか?

回答のコツ
- 未経験の職種に就きたい具体的な動機を説明する。
- これまでの経験を生かして短期間で戦力になることを示す。
- 前職種が嫌だからという後ろ向きな転職ではないことを示す。

OK 回答例(研究職・未経験)

❶MRとして医師や薬剤師と接することで、本当にやりたいことは医薬品の研究開発だと改めて認識しました。今回御社の求人を拝見し、まさに私が大学で研究していましたヒトゲノムの解析に関連する職務であり、このチャンスを見逃したくないという気持ちが強くなり志望しました。❷大学時代の研究知識を生かし、不足している知識やスキルは自ら積極的に学び、御社で貢献できる研究者になれるよう頑張りたいと思います。

Point
❶ 未経験の職種に就きたいと考えた理由を簡潔に説明する。
❷ これまでの経験を生かし、かつ自己啓発していく姿勢を示して応募職種への熱意を示す。

NG 回答例(研究職・未経験)

大学卒業時に研究職と営業職で大変迷いMRの道を選択しましたが、❸MRの仕事は接待なども多く自分の本当にやりたいことではないと考えるようになりました。何ができるかと悩んだ結果、人と会うことではなくコツコツと研究することが自分の性に合っていると気づき、研究職に就きたいと考えています。❹未経験ですが、教えられたことをきちんと把握し頑張りたいと思います。

Point
❸ 前職の仕事が嫌だからという理由では、未経験の職種も務まらないと思われる。
❹ 受け身の姿勢ではなく、自ら習得していく熱意を示そう。

志望理由 Q27 当社に入社したら何をやりたいですか？

面接官の質問の意図

① 自社が求めている職務を的確に理解しているか？
② 自社が求めている職務能力と合致するか？
③ 自社が第1志望で入社意欲が高いか？

回答のコツ

● 事前に求められている職務を想定したうえで、やりたいことを伝える。
● 原則としてやりたいことをできることとしてアピールする。
● 求められている職務に不安があれば「可能であれば……」と枕詞をつける。

OK 回答例（マネジャー職）

　エリアマネジャーとして店舗を管理したいです。前職においても店舗経験がありますが、御社の技術やサービスを習得し、店舗で実績を積み上げることが何よりも大切だと思います。調理、接客という2つの軸をより伸ばすため、問題点を抽出し改善していけるエリアマネジャーになります。チェーン展開している御社のスケールメリットを生かし、お客様により満足を提供し、利益に結び付けていきます。

☝Point

❶ やりたいことを実現するために、具体的に自らやるべきことを語る。
❷ やりたいことを実行し企業メリットにつなげると語る。

NG 回答例（マネジャー職）

　エリアマネジャーとして店舗を管理したいと考えています。前職においても店舗経験がありますが、先輩社員が多く残念ながらチャンスがありませんでした。店舗で接客や調理に追われるのではなく、考えを形にしていく仕事がしたいです。いずれは現場ではなく商品企画にも携わってみたいです。急激な店舗展開をしている御社ならば、チャンスがあると考え志望しました。

☝Point

❸ 前職でできないからという理由だけでは、職務能力を満たしていないと判断されて評価されない。
❹ 可能性がない職務であれば、この時点で不採用になってしまう。

志望理由 Q28 なぜ同職種の仕事へ転職を希望するのですか？

面接官の質問の意図
① 前職と自社の違いをきちんと認識しているか？
② 自社で発揮できる強みを認識しているか？
③ 前職で問題を起こさず転職目的が前向きか？

回答のコツ
- 前職でできず応募企業だからこそ実現したいことを回答する。
- 前職を円満に退職している（退職できる）ことを伝える。
- 同職種だからこそ即戦力として貢献できることを伝える。

OK 回答例（システム開発）

前職では、特定派遣社員として委託先企業で、システム開発を行なってきました。技術面でも習得することが多く、さまざまな企業で多くの案件に携われたことは、今後大いに役立つと確信しています。これまでの経験を生かして、❶自社製品の開発に携わり企業貢献をしていきたいと考えています。❷特に御社は、これまで経験した銀行系システム開発に強く、即戦力として開発業務ができると考え志望しました。

 Point
❶ 同職種であっても前職でできず応募企業で可能なことを示すと理解を得られる。
❷ 応募企業だからこそ転職したい理由を明確に示す。

NG 回答例（システム開発）

前職では、特定派遣社員として委託先企業で、システム開発を行なってきましたが、❸派遣先企業の特徴がそれぞれ違い、なかなかなじめず苦労しました。また案件がないときは会社もしくは自宅で待機するため、将来に不安を覚えて退職しました。今後は将来の不安を感じることなく❹安定した企業で、自社開発の案件に携わりたいと考えているときに、御社の求人を拝見し応募しました。

 Point
❸ ネガティブな要因を打ち出すと評価されないことが多い。
❹ 安定した企業だからという理由では、状況が悪くなれば転職する人材だととらえられる。

志望理由 Q29 当社が第1志望ではないのですか?

面接官の質問の意図

① 応募している企業のなかでの自社の位置づけは?
② 明確なキャリアビジョンがあるか?
③ 自社だからこそ入社したい意欲を感じるか?

回答のコツ

● 原則として第1志望だと回答しなければ採用されない。
● 2次質問で他社の応募状況を質問されるがすべてを回答する必要はない。
● 回答内容によっては入社意欲を感じられないと受け取られる可能性がある。

OK 回答例(MR職)

　いいえ、①御社が第1志望です。現在MR職で2社応募していますが、国内市場だけでなくグローバルな海外戦略を行なっている御社に魅力を感じているだけでなく、②特に御社で開発した認知症の新薬をMR職として医薬関係者に広めていきたい強い思いがあります。患者さんが明るい未来を築けるために、御社でその一翼を担いたくぜひとも入社させていただきたいと思います。

NG 回答例(MR職)

　前職で入社前に考えていた職務や労働条件と違ったため、大変つらい思いをしました。③今回は、慎重に企業を選びたいと考えています。お話を伺って御社に魅力を感じている部分はありますが、④現在いくつか興味のある企業がありますので、ほかの企業も十分検討させてもらったうえで、自分に合う企業に決めたいと思います。

☞ Point

① 第1志望ではないのかと問われているので、最初に第1志望だと明快に回答する。
② 第1志望の理由を筋道を立てて簡潔に説明する。

☞ Point

③ 本音であっても回答すべきではない。
④ ぜひ入社したいという回答でなければ、相当な実力者でない限り採用されない。

志望理由 Q30 求人広告を見てどう思いましたか？

面接官の質問の意図
①企業研究をしており意欲を感じるか？
②生かせることを理解しているか？
③説得力のある回答ができているか？

回答のコツ
●良く思われない回答は避け、応募企業の特徴をとらえた具体的な回答をする。

OK 回答例（営業企画職）

社員の皆様の取材記事を拝見し、企画を製品化していく喜びと責任感を文面から感じました。また御社の会社案内から、眼鏡が季節やライフスタイルでオシャレができる身近なものだと感じました。「現状に満足せず改善提案できる人材」を求めていらっしゃいますが、まさに私がやるべきことだと考えています。

 Point
❶漠然とした印象ではなく具体的に感じたことを説明する。
❷求められている人材を文面から抽出して回答する。

志望理由 Q31 派遣社員から正社員を希望する理由は？

面接官の質問の意図
①正社員の職務を理解しているか？
②正社員としての実務能力があるか？
③労働条件に問題がないか？

回答のコツ
●正社員としての責任感をアピールし、労働条件も問題がないことを伝える。

OK 回答例（総務職）

派遣社員は与えられた仕事を決められた時間で行なうことが職務であり、問題の改善や企画立案といった仕事はできませんでした。今後は、会社をより良くするために問題点の抽出や改善などを、時間にとらわれず、責任感を持って積極的に行なっていくことができる正社員として仕事をしたいと考え希望しました。

 Point
❶派遣社員と正社員の違いを実体験から語る。
❷正社員としての仕事の取り組み方を伝える。

自己PR Q32 自己PRをお願いします。

面接官の質問の意図

① 求めている職務と合致しているか?
② 真摯に仕事を行なう姿勢があるか?
③ 自己分析、自己理解ができているか?

回答のコツ

- 結論を先に述べて、結論を裏付ける職務経験を説明する。
- 原則として、職務経験のアピールを行なう。
- 抽象的な表現を避け、求められている人材を想定して回答する。

OK 回答例(営業職)

　❶目標達成能力です。前職は自動車販売の営業職として、3期連続で売上目標を達成しました。❷目標をクリアするために営業戦略を立て行動しますが、120%の売上を達成するために既存の方法にとらわれず検討し実行します。昨年は達成が難しいかと思われましたが、既存のお客様から紹介をいただき達成することができました。売るだけの営業ではなく、アフターフォローをしっかり行なってきた成果だと思います。

Point
❶結論を先に述べることで、面接官は回答の趣旨を理解しやすい。
❷実績を具体的に示すことで、信憑性のある回答になる。

NG 回答例(営業職)

　❸特にアピールできる成果はありませんが、強いて言えば若さだと思います。前職では、若さを武器に営業活動を行ないましたが、景気低迷で新規顧客を確保できませんでした。景気が上向けば良くなると信じて頑張ってきましたが、アピールできるような成果には結び付きませんでした。❹まだ年齢も若いので、若さと元気を武器に意欲的に頑張りたいと思います。

Point
❸自己PRを求められて、アピールできないという回答では評価されない。
❹抽象的な回答ではなく、若さをどのように生かせるか回答する。

回答例（経理職）

請求書発行、仕分け業務、月次決算業務など経理経験を生かして、即戦力として実務ができます。飲食業界における経験がありますので、売上管理など業界特有の経理経験も生かせます。決算に伴う資料作成や経営資料作成の経験もあります。経理職として正確かつ迅速な業務を行なっていきます。

Point
- ⑤即戦力として具体的に応募企業で生かせる職務能力を語る。
- ⑥実務能力に加え、仕事の取り組み方、姿勢をアピールする。

 回答例（接客）

どのようなお客様にも満足していただける接客サービスを提供できます。1日平均120名のお客様がお越しになりますが、お客様の嗜好を読み取り、心地良さをどのように提供できるか常に考えて接客を行なっています。お客様との会話を充実させるために、昨年ソムリエの資格を取得しました。

Point
- ⑨結論を裏付ける具体的な説明は、面接官に良い印象を残す。
- ⑩応募職種で生かせる自己啓発は、アピール材料になる。

 回答例（経理職）

経理の仕事は、営業などと違って数値面で実績をアピールできる点はあまりありませんが、経理職の経験が長いので、実務面では問題ないと思います。ミスを少なくすることを、経理の仕事をするうえでのモットーとしています。できる限り早く御社のやり方を覚えて頑張ります。

Point
- ⑦仕事への意欲や熱意を感じられない回答は避ける。
- ⑧仕事を行なううえで当たり前の回答では評価されない。

 回答例（接客）

大学時代からフレンチレストランで接客を行なってきましたので、すぐに仕事を覚えられると思います。就職活動がうまくいかずアルバイトを継続してきましたが、友人もよくお店に来てくれます。仕事を覚えましたら、友人にも来てもらいたいと思います。友人の多さも自慢できることです。

Point
- ⑪正社員の募集では、仕事への信念を感じられない回答。
- ⑫質問の意図を理解しない回答をすれば、採用には至らない。

プロの**アドバイス**

応募企業で求められている職務と合致する職務経験をアピールする。職務経験が短い場合は、学生時代のアピールを加えても構わない。

自己PR Q33 当社で発揮できる強みをお話しください。

面接官の質問の意図
①求めている職務能力と合致しているか?
②自社の職務についてどれだけ理解しているか?
③発揮できる強みについて信憑性があるか?

回答のコツ
- 事前に募集記事やホームページから求められている人材を想定する。
- 求められている職務と合致する職務経験を強みとして回答する。
- 信憑性を持たせるために具体的な経験を語る。

OK 回答例(編集職)

編集職として、トレンドをつかんで売れる書籍の企画を提案できます。自己啓発本からパソコン関連書籍まで幅広い経験がありますので、これまでの経験と人脈を生かして頑張ります。昨年発刊した自己啓発本では、❶新入社員向けの書籍を販売3カ月で1万冊売り上げました。また❷スマートフォンのアプリ開発書籍は専門書にもかかわらず、販売2週間で増刷になり、累計で3万冊を販売しています。

Point
❶「どのような企画か?」と2次質問を受けるので事前に用意する。
❷同職種であれば、実績数値を示すことで職務能力をアピールできる。

NG 回答例(編集職)

編集職としての経験はそれほど長くはないですが、❸興味のある分野でしたら徹夜もいとわず時間を忘れて仕事ができます。編集職の仕事は不規則で時間に追われることが多々ありましたが、❹体調を崩さず何とかこれまで乗り越えてきました。いたって健康ですので無理がきくことも私の売りです。

Point
❸好き嫌いで仕事をするのではと受け取られる。
❹発揮できる強みが健康だけでは、職務能力をアピールできていない。

70

OK 回答例（トレーナー職）

⑤社員のモチベーションを高める研修制度を設計し、実践することができます。受講者が受け身の姿勢ではなく、進んで参加し仕事で生かせる研修を行なうことが私の使命だと考え、⑥受講者が参加する実践型の研修を進めていきます。「受けて良かった」と言われる研修を行ないたいと考えています。

Point
- ⑤2次質問でこれまでの具体的な実績を求められる可能性がある。
- ⑥具体的な手法を示すことで、信憑性のある回答になる。

OK 回答例（事務職）

受け身ではなく常に前向きに仕事に取り組むことが、私の強みです。帳票も読み手の立場を考え、パソコンスキルを生かして読みやすく使いやすい書類を作成します。⑩常に問題意識や改善意識を持って実行していくことに事務職としてのやりがいを感じています。

Point
- ⑨抽象的な表現だが、企業が求めている人物像と合致すれば問題ない。
- ⑩結論を裏付ける仕事の姿勢が示されており評価される。

NG 回答例（トレーナー職）

⑦新入社員研修を得意とします。ビジネスマナーや名刺の渡し方などビジネスの基本を教えることができます。前職では新入社員研修以外は、⑧外部講師に依頼していましたので経験がありませんが、研修で行なうべきことを教えていただけましたら、チャレンジしたいと思います。

Point
- ⑦求められている職務と異なれば、採用には至らない。
- ⑧経験者の募集であれば、求めている人材と異なると判断される。

NG 回答例（事務職）

特に強みなどを意識したことはありません。⑪事務職の仕事は誰でもできると思っていますので、指示されたことを間違いなく行なえれば特に強みなどなくてもいいと思います。少し控えめな性格なので、⑫強みという言葉に高飛車な印象があり、あまり好きではありません。

Point
- ⑪職務能力をアピールできていないため、仕事への意欲がないと判断される。
- ⑫質問を否定するような回答では、白けた雰囲気になってしまう。

プロのアドバイス

発揮できる職務能力について高飛車な回答はNGだが、謙遜せず求められている職務と合致する部分を積極的にアピールしよう。

自己PR Q34 長所と短所について お話しください。

面接官の質問の意図

① 長所が職務に活用できるか?
② 短所が仕事に影響しないか?
③ 短所を改善する意識があるか?

回答のコツ

● 長所は、仕事でもプラスになるイメージを与える内容を語る。
● 短所は、仕事に影響せず改善努力をしていることを語る。
● 原則としてこれまでの職務経験を事例に挙げて説明する。

OK 回答例(営業職)

❶長所は、あきらめず最善の策を講じられることです。うまくいかないときは、視点を変えて気持ちを切り替えます。以前発注ミスがあった際は、今できることをやろうとその日の夜に代替品をお届けしました。短所は、集中してしまうと周囲が見えなくなってしまうことがあります。読書が好きで、読み始めると時間を忘れて深夜になってしまうことがありますが、❷社会人として時間管理には気をつけるようにしています。

Point
❶仕事を前向きに取り組むイメージを与え評価される。
❷短所は当たり障りのない回答で、改善するよう努力していることを示す。

NG 回答例(営業職)

長所は、いろいろなことに興味があり何でもチャレンジすることです。友人に勧められるとすぐに実践してみたくなります。先日もスノーボードを勧められ道具やウエアをそろえてしまいました。❹短所は、飽きっぽいところがあります。一時熱中してもすぐに冷めてしまう性格です。昨年英会話スクールに通ったのですが3回通って辞めてしまいました。

Point
❸集中して一つのことに打ち込めない性格をイメージさせる。
❹仕事にも影響すると思われない当たり障りのない短所を述べて、改善努力をしていると回答する。

自己PR Q35　仕事をするうえで大切にしていることがありますか？

面接官の質問の意図

①仕事に対して意欲的に取り組む人材か？
②問題改善能力があるか？
③自社で汎用性のある内容か？

回答のコツ

- 応募企業の職務で生かせる内容を回答する。
- これまでの経験を実例として説明すると効果がある。
- 意欲的に取り組む姿勢を回答に盛り込む。

OK 回答例（クリエーティブ職）

　はい。❶相手の立場や状況を考え行動することです。仕事は自分の考えを押し付けるだけではうまくいきません。前職ではチームで仕事を進めていましたが、相手の立場や状況を無視して主張を押し通しても、良い成果は得られませんでした。相手の立場に立って仕事を行なうことで、相手の状況を理解できるだけでなく、❷全体を見ながら仕事を行なうことができ、納期も短縮でき良い成果につながりました。

 Point

❶応募職種もチームで行なう仕事であれば評価される。
❷これまでの成果や結果を述べることで、職務能力をアピールできる。

NG 回答例（クリエーティブ職）

　❸社員同士仲良く仕事をすることです。社員同士の人間関係がうまくいかなければ、仕事を楽しく行なうことができません。仲の良い社員と休憩時間に最近話題のお店や趣味のことを話して、親睦を深めます。年齢が高い方とは話題が合いませんが、❹無理をしてでも話を合わせるようにします。歓迎会や忘年会でお酒が入るとますます仲良くなれます。

 Point

❸回答として幼稚なイメージを与える。
❹面接官の年齢が高ければ、採用したいと思われない。

自己PR Q36 自己啓発していることがありますか？

面接官の質問の意図

①**不足しているスキルを自ら補っているか？**
②**前向きに仕事を行なうタイプか？**
③**自社の求めている職種と関連性があるか？**

回答のコツ

●応募職種で生かせる自己啓発について回答する。
●関連性のない自己啓発では、第1志望ではないととらえられる。
●自己啓発していることが、仕事に影響しないように回答する。

OK 回答例（総務職）

　前職では総務職として社員から相談を受けることがあった関係で、キャリアカウンセラーの資格を秋に取得できるよう自己啓発しています。週末に通学講座があるのですが、いろいろな分野の方と知り合え刺激を受けています。またビジネス英会話のスキルを高めるため、外国人講師のプライベートレッスンを受けています。自己啓発していることが御社でも生かせると思いますので、積極的にスキルを高めていきます。

Point

❶自己啓発を行なっている理由を述べることで信憑性のある回答になる。
❷応募企業で生かせる内容を語り職務能力をアピールする。

NG 回答例（総務職）

　総務の仕事にはあまり関係ありませんが、グラフィックデザインの勉強を2年間続けています。大学時代に学んだこともあり、よりスキルを高めていきたいと考え、夜間の専門学校に通っています。デザインの仕事で食べていくのは難しいと実感していますが、スキルを高めてお金をいただけるような専門的なデザインができるようになれればと思います。

Point

❸応募職種に関連のない自己啓発は、別の職種を希望していると受け取られる。
❹総務で生かせることを説明できなければ回答は避ける。

自己PR Q37 職場の人間関係で困った経験がありますか？

第2章 押さえておくべき定番質問と回答例

面接官の質問の意図

① **良好な人間関係を構築できる人材か？**
② **問題改善能力があるか？**
③ **回答内容に信憑性があるか？**

回答のコツ

● これまでの経験事例を盛り込み回答する。
● どのように修復したかまで回答する。
● 回答時に感情的にならないようにする。

OK 回答例（営業事務職）

　上司や同僚とは特にありませんが、新入社員が配属されたときに、私を含めて周囲の社員となかなか溶け込めないため、どうしたらなじめるか悩んだことがあります。❶年齢が近い先輩社員を相談相手にすることで、少しずつ打ち解けるようになりました。❷忙しさを理由に親身にサポートできていなかったことを反省しました。それからは、どんなに忙しくてもこちらから声を掛け、話をする時間を設けるようにしています。

Point

❶ 具体的な解決方法を説明し、問題改善能力をアピールする。
❷ 経験から習得できたことを仕事に生かしていくと回答すると評価される。

NG 回答例（営業事務職）

　❸あまりにも理不尽な上司でしたので、大変困りました。帰社時間になると急ぎの仕事をするよう指示をしたり、会議の前になると不機嫌になり周囲に当たり散らしていました。いつも上司の顔色を見ながら仕事をしてきました。部下は上司を選べません。人間的に問題がある上司の下で働き、❹本当につらい思いをしました。あのような経験は二度としたくありません。

Point

❸ 特定の人を批判するだけではなく、その経験から得たことまで回答する。
❹ 感情的にならず、冷静に回答するよう心掛ける。

75

自己PR Q38 周囲からどのように評価されていると思いますか?

面接官の質問の意図

① 他者評価を受け止め自覚しているか?
② 周囲と良好な人間関係を構築しているか?
③ 自分自身をどれだけ認識しているか?

回答のコツ

● 面接官が気になるような悪い評価は回答しない。
● 素直に受け入れさらに伸ばしていく姿勢を示す。
● 仕事で生かせる評価を回答する。

OK 回答例(総務職)

　前職の同僚からは、面倒見がよく気配りができると言われたことがあります。あまり実感はないのですが、同僚の仕事や私生活の悩みについて、聞き手になり相談を受けることが多いかもしれません。同期のまとめ役として年2回同期会を行なっていました。仕事を後回しにするのが嫌な性格なので、上司からは、迅速に行動でき仕事を任せられる部下だと褒められたことがありました。

NG 回答例(総務職)

　友人からは、気が短い、せかせかしているとよく言われます。嫌なことがあるとよく考えずあきらめてしまうことがありますので、よく見ているなと感心します。仕事でも、周囲がもたもたしているのが嫌いで、見ているとイライラします。結論を出すのが速く、よく考えず行動してしまい、後悔することがあります。

👆 Point

❶ 自社でも良好な人間関係を構築できるイメージを与える。
❷ 他者評価の裏付けとなる実例を述べることで信憑性が増す。

👆 Point

❸ 仕事でも影響を与えそうな評価は、あえて言う必要はない。
❹ 仕事でプラスになる評価を回答する。

第 3 章

働き方についての
質問と回答例

採用したい人材でも、応募者の志向やビジョンと企業の方向性が合致しなければ、定着しない人材だと判断されます。また「希望条件」や「入社時期」についての回答内容から、採用には至らないこともあります。働き方についての質問の意図を読み取り、求められている回答に近づけてください。

働き方 Q39 入社したらどのように貢献していただけますか？

面接官の質問の意図
① 求めている職務を理解しているか？
② 発揮できる職務能力を具体的に語れるか？
③ 自社が第1志望で入社意欲が高いか？

回答のコツ
- 求めている職務を想定したうえで発揮できる職務を回答する。
- 短期間で戦力になることを求められていると理解する。
- 応募企業だから頑張りたい意志を示す。

OK 回答例（商品担当者）

①お客様のニーズを読み取り斬新なアイデアを打ち出すことができます。前職ではアパレル業界でマーチャンダイザーの経験があり、市場をきちんと把握したうえで、お客様にデザイン、価格、品質で満足していただける商品を提供していました。②業界の動向、販売チャンネルを熟知していますので、新たな販売ルートを構築し、売上に貢献していきたいと思います。

NG 回答例（商品担当者）

③ブランドや販売方法が違いますので、御社の状況を理解するまで時間がかかるかもしれませんが、これまで経験した商品企画や販売ルートの構築が、少しでも生かせればと考えています。④アパレル商品は、景気や天候にも左右されるため売上予測が難しく、思うようにならなかったこともありましたが、御社に入社できましたら売れる商品を商品化したいと思います。

 Point
❶ 興味を持たれるアピールだが、具体的なアイデアを求められる。
❷ 即戦力として企業で貢献できるイメージを与える。

Point
❸ 前置きが長いと何を伝えたいのか理解しにくい。
❹ ネガティブな表現はできる限り避ける。

OK 回答例(介護職)

お話をじっくりお伺いし、❺ご要望に沿った満足していただけるサービスを提供します。ケアマネジャーとして、より介護者やご家族の方に満足していただける介護サービスを提供してきました。御社においてもこれまでの介護経験を生かし、常に親身なサポートを心掛けていきます。

 Point

❺応募企業に求められている職務を最初に語る。
❻貢献できる人材をイメージさせる回答でまとめる。

NG 回答例(介護職)

貢献というほど大げさなことはできません。前職ではケアマネとして仕事を❼してきましたが、介護者より家族の方の無理な要望が多く、大変困ったことがありました。❽時間に関係なく非常に忙しい仕事ですので、自分自身が体を壊さないように注意し、できる範囲で頑張りたいと思います。

 Point

❼略さず正式名称で回答する。
❽貢献できることを聞かれているので趣旨と違う回答はしない。

OK 回答例(営業職・未経験)

飲食店における接客サービスのほか、ホテルのフロント業務に携わった経験を生かし、❾お客様のニーズを的確にとらえて、満足していただける商品をご案内したいと考えています。保険業界は未経験ですが、❿積極的に専門知識を習得し、培った接客経験と人脈を武器に売上に貢献したいと思います。

 Point

❾未経験の職種であれば、謙虚な姿勢でアピールする。
❿活躍する姿をイメージさせる内容を語る。

NG 回答例(営業職・未経験)

飲食業界やホテル業界の接客経験しかありませんので、⓫貢献できるかどうか分かりませんが、できる限りのことをしたいと思います。保険業界は、これまでに経験した仕事と違い、商品知識が複雑なので、すぐに戦力になることはできないかもしれませんが、⓬コツコツと覚えていきたいと思います。

 Point

⓫分からないという回答では、実務能力がないと判断される。
⓬短期間で戦力となる人材が求められている場合、採用には至らない。

プロのアドバイス

 貢献と問われると、それほど実力がないと戸惑うかもしれないが、転職者は、経験・未経験を問わずプロ意識を持って臨もう。

第3章 働き方についての質問と回答例

働き方 Q40

5年後にはどんな自分になっていたいですか?

面接官の質問の意図

①自社の仕事を理解しているか?
②目標達成意欲があるか?
③自社が第1志望でビジョンが明確か?

回答のコツ

- 応募企業の職務を理解したうえで回答する。
- 夢ではなく現実性のある回答をする。
- 目標達成意欲を示し、やるべきことを説明する。

OK 回答例(カスタマーサポート)

カスタマーサポートとして実績を積んだうえで、5年後はリーダーシップを発揮し、御社でカスタマーサポート部門のマネジメントができる人材になることを目指します。カスタマーサポートの仕事は、担当者の能力で売上が左右すると考えていますのでスタッフ育成にも力を注ぎたいです。そのためにも、❷お客様のご要望を的確にとらえて他社に負けない親身なサポート体制を構築し、商品の売上を伸ばしていきます。

 Point
❶求人情報から読み取り、求められている人材を想定する。
❷目標を達成するまでに行なうことを回答する。

NG 回答例(カスタマーサポート)

❸統括部長を目指します。無理だと思われるかもしれませんが、どうせやるからには大きな目標を持って取り組みたいと思います。❹人がやることの2倍以上働き、やるからには目標を高く持ちたいと思います。目標が低ければそこまでしか到達できません。カスタマーサポートはお客様と接する最前線ですので、この経験を無駄にせず統括部長を目指して頑張ります。

 Point
❸転職面接では、現実を見据えたうえで回答する。
❹具体的な方策がなく精神論では、面接官は納得しない。

働き方 Q41 管理職として大切にしていることは何ですか？

面接官の質問の意図

① 職務経歴書のマネジメント能力に信憑性があるか？
② 求めている管理職としての能力があるか？
③ 自社の職務について的確に理解しているか？

回答のコツ

● 求められている管理職を想定したうえで回答する。
● 新たな環境で気持ちを切り替えて臨むことを伝える。
● 管理職としての具体的な経験を盛り込み回答する。

第3章 働き方についての質問と回答例

OK 回答例（営業管理職）

部下とのコミュニケーションを大切にしています。チームとして成果を出すためには、部下の能力を最大限引き出すことが、管理職としての大きな役割だと考えます。前職でも成果を出せない部下に対して、実績だけでなくプロセスについてコミュニケーションを取ることで、問題点を認識させて成果を上げることができました。失敗の経験をしてこそ大きく成長すると確信しています。

👆 Point

❶ 管理職としての信念や役割を簡潔に回答する。
❷ 部下を育てた経験、管理職としての実績を経験事例として説明する。

NG 回答例（営業管理職）

前職は年功序列で昇格しましたのであまり意識したことはないのですが、部下から兄貴、ときには友人のように慕われていました。落ち込んでいる部下に対しては、飲みに誘うことも度々あり、一晩飲み明かしたこともあります。お酒を飲むことで部下と信頼関係を築きました。これまで管理職だからと構えず部下と接してきましたので、今後もフランクに部下と話し合える関係でいたいと思います。

👆 Point

❸ 管理職募集であれば、管理職としての意識を示す必要がある。
❹ 求められている管理職と異なれば、実力があっても採用には至らない。

81

働き方 Q42 今後、仕事についてどのように考えていますか?（女性への質問）

面接官の質問の意図

①明確なキャリアビジョンを持っているか?
②仕事に対して真摯な姿勢を持っているか?
③すぐに辞めず定着できる人材か?

回答のコツ

- 今後仕事でやりたいこと、できることを語る。
- 独身であれば結婚をしても長く勤務していきたいことを伝える。
- スキルや知識を高めて向上していきたい姿勢を示す。

OK 回答例（教育関連職）

仕事は、一生のライフワークだと考えていますのでずっと続けていきたいです。特に教育産業では、男女の隔たりがなく、むしろ女性だからこそ活躍できる分野が多くあると思います。現在結婚の予定はありませんが、将来家庭を持っても仕事を続けていき、これまでの経験をさらにスキルアップさせて、会社で存在価値を発揮できる人材でありたいと考えています。

👆 Point

❶長く勤務できることを示し面接官の不安を払拭する。
❷前向きに仕事に取り組むことを具体的に語る。

NG 回答例（教育関連職）

できる限り頑張りたいですが、結婚相手が専業主婦を希望した場合、仕事を続けるのは難しいかもしれません。今後のことはよく分かりません。仕事は好きですが、家庭も大切にしていきたいと考えています。周囲の友人も結婚をして会社を辞める人が増えていますので、このまま仕事を続けていくと一生結婚できないという不安もあります。

👆 Point

❸長く勤務してもらいたいと考えている企業であれば、「よく分からない」という回答はNG。
❹応募者本人の考えを聞いているので、語る必要はない。

働き方 Q43 仕事と家庭の両立は大丈夫ですか？（女性への質問）

面接官の質問の意図
①家族や周囲の協力は得られているか？
②仕事に対して意欲があるか？
③勤務に対する物理的な問題はないか？

回答のコツ
●周囲の協力があり業務に支障を与えないことと、仕事に打ち込む姿勢を示す。

OK 回答例（経理職）

　全く問題ありません。前職では、繁忙期に残業が多かったのですが、業務に支障を与えることはありませんでした。夫も私の仕事に理解をしており、応援してくれています。子供の病気などの際は、自宅の近くに私の両親がいますので、緊急時には対応してもらえます。残業なども積極的に行ないたいと思います。

 Point
❶問題がなければ「全く問題ない」ときちんと伝える。
❷家族の協力が得られ応援してくれていることを回答する。

働き方 Q44 ご主人が再び転勤になったら？（女性への質問）

面接官の質問の意図
①転勤により退職するのではないか？
②仕事に対して強い思いがあるか？
③夫と仕事について話をしているか？

回答のコツ
●この質問を受けた場合、正社員であれば、別居してでも仕事を続ける意欲が求められる。

OK 回答例（営業職）

　夫が転勤になった場合は、単身で赴任することを、二人で話をして決めています。夫は、私の仕事に理解がありますので、転勤を理由に退職することはありません。今後5年以内に転勤する可能性は少ないと思います。私は、これからもビジネスの分野で成長していきたいと考えています。

 Point
❶夫と話をして決めているという回答は、説得力がある。
❷仕事を長く続けていきたい意志を明確にすることで評価される。

第3章 働き方についての質問と回答例

労働条件 Q45 希望給与（年収）を教えてください。

面接官の質問の意図

① 自社の給与規定と合致する金額か？
② 実績、能力に見合う妥当な金額を提示しているか？
③ 年収に固執している応募者ではないか？

回答のコツ

● 募集条件が提示されていれば条件内の金額で回答する。
● 原則として初年度の年収が前職より高い金額は難しい。
● 待遇面ではなく応募企業で仕事をしたい熱意を示す。

OK 回答例（営業職）

（パターン1）

　前職は、年収450万円でした。できれば前職と同額を希望しますが、御社の規定でお願いできればと思います。年収よりも御社でこれまでの経験を生かして頑張りたいという気持ちです。

（パターン2）

　私の実力を見て判断していただければと思いますが、生活がありますので年収400万円いただけましたら幸いです。

☞ Point

❶ 年収より仕事がしたい意欲を示すことは有効だが、下がる可能性がある。
❷ 枕言葉で実力があることを示したうえで、金額を提示する。

NG 回答例（営業職）

（パターン1）

　前職が年収500万円でしたが、業績が悪く2年前に600万円からダウンしています。最低でも600万円はいただきたいです。

（パターン2）

　同じ職種の友人が600万円もらっていますので、少なくとも同額はいただきたいです。友人の勤務している会社からもお話をいただいています。

☞ Point

❸ 特別な事情があれば別だが、言い訳がましい提示は好感を持たれない。
❹ 駆け引きをするような回答では、他社を勧められる可能性が高い。

労働条件 Q46 希望給与を下回る可能性がありますが、大丈夫ですか?

面接官の質問の意図

①年収が下がっても入社したい意欲があるか?
②表情から自社への入社意欲を感じるか?
③転職の目的がしっかり確立されているか?

回答のコツ

- 原則として問題ないという回答でなければ採用されない。
- 回答時の表情、仕草にも注意し、入社意欲を示して回答する。
- 具体的に下がる額を確認したうえで、入社を判断する。

第3章 働き方についての質問と回答例

OK 回答例（人事職）

（パターン1）
❶全く問題ありません。実績を御社で積んでいければと考えています。よろしければおおよその金額をご提示いただけますか?

（パターン2）
❷御社の規定でお願いしたい気持ちですが、家庭もありますので年収400万円以上を希望しています。

NG 回答例（人事職）

（パターン1）
私の職務経験では、❸募集要項で記載されている上限額は難しいということでしょうか。大幅に下回るようでしたら難しいですが、いくらぐらいになりますか?

（パターン2）
希望給与は最低条件ですので、❹下回る場合は難しいと思います。

👆 Point

❶可能性を示唆された場合の理想の回答になる。
❷給与にこだわりがある場合、やんわり希望額を提示する。

👆 Point

❸具体的な金額提示がなければ、内定後に交渉もできる。
❹下がる可能性を示唆されてこの回答では、通常採用には至らない。

85

労働条件 Q47 採用されたらいつから出社できますか?

面接官の質問の意図

①入社意欲が高く本気で転職を考えているか?
②いつ辞めるか具体的な日程を考えているか?
③入社時期で自社の条件と合致しているか?

回答のコツ

- 具体的な日程や時期を示して、入社意欲を示す。
- 企業の要望と合わない場合は、できる限り努力すると語る。
- 引き継ぎをきちんと行ない円満退社することを語る。

OK 回答例（エンジニア職）

（パターン1）
　引き継ぎをきちんと行ないできる限り早く退職したいと思います。❶内定後1カ月いただけましたら、確実に入社できます。

（パターン2）
　すでに退職へ向けて、引き継ぎ事項を整理していますので、❷○月○日以降でしたらいつでも入社できます。

Point
❶ 具体的な時期と、確実に入社できることを伝える。
❷ 引き継ぎをきちんと行なうことと、具体的な日程を示す。

NG 回答例（エンジニア職）

（パターン1）
　❸上司と相談して決めたいと思います。人員が不足しているため新たに採用する必要があるかもしれませんので、少しお時間をいただくかもしれません。

（パターン2）
　現在プロジェクトメンバーとして仕事をしていますので、❹半年くらいかかると思います。メンバーに迷惑をかけられませんのでご理解ください。

Point
❸ この質問を受けてあいまいな回答であれば、入社意欲がないと判断される。
❹ 通常待ってもらっても3カ月が限度なので、半年では難しい。

労働条件 Q48 自宅が遠いようですが、通勤は大丈夫ですか?

面接官の質問の意図

①遠隔地からの通勤で、業務に支障を与えないか?
②なぜ遠隔地から応募しているのか?
③自社だからこそ入社したい理由が明確か?

回答のコツ

- 通勤に問題なく業務に支障を与えないと回答する。
- 遠隔地でも応募企業だからこそ入社したい理由を語る。
- 転居も可能ならば、状況によって転居することを伝える。

第3章 働き方についての質問と回答例

OK 回答例(コンサルタント職)

　前職でも通勤時間が90分かかり❶ましたので、全く問題ありません。最終電車が午前0時ですので、残業なども全く問題ありません。勤務をさせていただき、通勤に問題があり❷業務に支障を与えるようでしたら、転居も考えたいと思います。御社のコンサルティングサービスは、以前から大変興味があり、チャンスがあればぜひ入社したいと考えていました。

NG 回答例(コンサルタント職)

　本日自宅から直接御社へお伺いしましたが、思っていたより時間がか❸かり約2時間でした。体力はありますので、2時間かかっても通勤できると思います。朝の通勤時間帯ですと電車の本数が多く、もう少し短縮できるかもしれませんが、ラッシュ❹のため今日とあまり変わらないかもしれません。今度通勤時間帯で検証してみたいと思います。

👆 Point

❶前職でも通勤しており全く問題なければ、不安を払拭できる。
❷転居を考慮していることを伝えることは、入社意欲を示すうえでもアピールになる。

👆 Point

❸予想より時間がかかったという回答では、面接官は不安になる。
❹「大丈夫か?」の質問で求められている回答になっていない。

労働条件 Q49 転勤は問題ありませんか?

面接官の質問の意図

① 自社が求めている労働条件と合致しているか?
② 家庭環境で問題となる要因はないか?
③ 問題ないという回答が本心か?

回答のコツ

● 質問をされた場合、転勤がある可能性が高い。
● 原則として、問題ないという回答でなければ採用されない。
● 転勤の頻度や期間について質問をしても構わない。

OK 回答例(営業職)

全く問題ありません。御社に入社できましたら、❶積極的に仕事に取り組み多くの経験を積んでいきたいと考えています。そのためにも、転勤は仕事の幅を広げられますので、絶好のチャンスだと思います。国内だけでなく海外勤務にも大変興味があります。❷転勤の頻度は状況によって違うかと思いますが、おおよその期間について教えていただけますか?

NG 回答例(営業職)

転勤があるのでしょうか? 困りました。実は現在両親の面倒を見ていますので、❸転勤になったら施設に入れる必要があります。費用もかかりますので兄弟ともよく話し合わなければいけません。御社の❹募集記事には転勤のことは記載されていなかったので応募したのですが……。御社に入社したい気持ちはありますが、1人では決められません。

Point

❶ 積極的に仕事に取り組む姿勢を語ると好感が持てる。
❷ 逆質問をして確認した場合は、ぜひチャレンジしたいと強い意志を示そう。

Point

❸ 応募者の家庭環境を理解できるものの、質問を受けて「できない」という回答では採用は難しい。
❹ 批判的な言葉は、その場の雰囲気を悪くする。

労働条件

Q50 残業がありますが問題ありませんか?

面接官の質問の意図

①労働条件面で求めている人材と合致するか?
②仕事を効率的に進める職務遂行力があるか?
③回答内容が、表情や語調から信憑性のある回答か?

回答のコツ

- ●この質問をされれば、問題ないという回答が期待されている。
- ●問題ないだけでなく、仕事を効率的に進めていくことを回答する。
- ●本音としてあまりやりたくない場合でも、表情はやる気を示す。

第3章 働き方についての質問と回答例

OK 回答例(経理職)

　①前職でも月間70時間程度行なっていましたので、残業については全く問題ありません。前職では、②繁忙期は終電で帰宅することもよくありました。効率的に仕事を遂行していきたいと思いますが、残業が必要なときは進んで行ないます。時期により異なるかもしれませんが、御社では月間でどの位の残業がありますでしょうか?

NG 回答例(経理職)

　③残業は多いのでしょうか? 前職でも残業がありましたが、自分の仕事が終わっても帰れる雰囲気ではありませんでした。しかも残業手当が支給されず、サービス残業でした。手当が支払われるならまだしも、手当もないので肉体的にも精神的にも疲れました。④御社はそんなことはないと思いますが、いかがでしょうか?

☞Point

- ❶「全く問題ありません」と語るときに、表情ややる気を意識して回答する。
- ❷前職の残業について語ると、信憑性のある回答になる。

☞Point

- ❸問題ないかという問いに対して、いきなり質問では心証を悪くする。
- ❹面接時ではなく、内定後に確認することもできる。

89

労働条件 Q51 休日出勤がありますが大丈夫ですか?

面接官の質問の意図
① 自社の労働条件と合致しているか?
② 快く休日出勤を行なう応募者か?
③ 現在難しい場合、問題が解決すれば可能か?

回答のコツ
- 「大丈夫ですか?」の問いには、原則「大丈夫です」と回答する。
- 回答時の表情にも注意し、やる気を示した表情で回答する。
- 現在難しい場合は、「問題解決をして可能」という回答が理想。

OK 回答例（総務職）

（パターン1）
　問題ありません。前職でも休日にイベントを開催することがあり、休日出勤を行ないました。積極的に出勤しますが、どのくらいの頻度で休日出勤があるのでしょうか?

（パターン2）
　来春からは子供を土日も預けられる保育園に入園させますので、来年4月からでしたら問題ありません。ぜひやりたい仕事ですのでよろしくお願いいたします。

 Point
❶ 休日出勤が全く問題ないならば、この部分は質問しなくても構わない。
❷ 現状難しくても将来可能ならば、具体的な時期を提示する。

NG 回答例（総務職）

（パターン1）
　休日出勤があるのですか。日曜は草野球チームの練習や試合がありますが、どの程度出勤しなければいけないのでしょうか?

（パターン2）
　休日出勤は考えていませんでした。求人募集にも土日が休みと記載されていたと思うのですが、違うのでしょうか?

 Point
❸ 趣味などで難しい状況であれば、採用は難しいだろう。
❹ 頻繁にはないという回答を得られても、面接官は不快な表情になるだろう。

労働条件 Q52

契約社員からのスタートになりますが大丈夫ですか?

面接官の質問の意図

①どうしても入社したい意志があるか?
②入社してどのようなビジョンを持っているか?
③回答時の表情から本心で回答しているか?

回答のコツ

- 契約社員を提示された場合は、正社員登用条件を確認する。
- 「大丈夫ですか?」という問いは、「大丈夫です」という回答が求められている。
- 採用されないことを覚悟のうえで、難しいと回答する。

 OK 回答例(営業職)

(パターン1)
　問題ありません。雇用形態にかかわらず、御社の営業職として頑張りたい気持ちです。契約社員から正社員への登用基準などがありましたら、教えていただけますか?
(パターン2)
　大丈夫です。契約社員からスタートとのことですが、契約期間、社員への登用条件、実際にどのくらいの割合で社員に登用されるのか教えていただけますでしょうか?

Point
❶大丈夫か? という問いであれば、難しいという回答では通常採用されない。
❷正社員への登用条件について確認をする。

 NG 回答例(営業職)

(パターン1)
　求人広告には正社員募集と書いてあったはずです。納得できません。どうして契約社員なのでしょうか?
(パターン2)
　正社員を希望していますが、難しいとお答えすれば採用されないのでしょうね。

Point
❸この後、「能力が満たない」、「経験期間が短い」などの理由を面接官に言われ、採用には至らない。
❹理不尽な企業だと判断し面接を辞退する方法もある。

第3章　働き方についての質問と回答例

労働条件 Q53 宿泊を伴う出張がありますが大丈夫?

面接官の質問の意図
① 求める労働条件と合致するか?
② 家庭環境に影響を与えないか?
③ 自社への入社意欲が高いか?

回答のコツ
● 仕事を積極的に行なう姿勢を示し回答する。問題がある場合は事情を説明する。

OK 回答例（広告宣伝職）

全く問題ありません。①前職でも地方店舗のオープンでは、本部スタッフとして1週間現地に滞在し販促を行ないました。全国展開されている御社で、②積極的に全国で仕事ができる機会は、私にとってもプラスになりますので、ぜひ出張させていただければと思います。

Point
① これまでの経験を説明することで信憑性が増す。
② 前向きに仕事に取り組む姿勢を示すことで評価される。

労働条件 Q54 最初に製造現場を経験するけど大丈夫?

面接官の質問の意図
① 頑張りたいという意欲があるか?
② キャリアビジョンが明確か?
③ 回答時の表情に偽りを感じないか?

回答のコツ
● 全く問題ないと語り、現場を知ることの重要性を認識していることを示す。

OK 回答例（営業職）

ぜひ、お願いいたします。①営業をするうえで、製造現場を知ることはとても大切だと認識しています。製造現場を経験することで、セールストークもより説得力のあるものになると考えます。②ぜひ製造現場を経験させていただき、短期間で戦力になれるように頑張ります。

Point
① 応募企業の意図を踏まえて共感できると伝える。
② 逆に応募者側から希望することを伝える。

第 4 章

弱点についての
質問と回答例

転職面接では、「転職回数が多い」、「ブランクが長い」、「募集条件を満たしていない」ことなどについて、厳しく問われるケースがありますが、決してあきらめないでください。

厳しい質問や指摘に対する回答のコツを覚えておけば、たやすく乗り越えられるはずです。

弱点 Q55 転職回数が多いですね。何か理由があるのですか?

面接官の質問の意図

①それぞれの転職に関連性があり、納得できる理由か?
②職務能力や組織適応力に問題がなく定着できるか?
③反省すべき点は反省し、ビジョンが確立されているか?

回答のコツ

●指摘を謙虚に受け止め、これまでの転職の意図を簡潔に説明する。
●会社批判をせず、反省すべき点は反省していることを伝える。
●今後は、これまでの経験を生かして長く勤務することを伝える。

OK 回答例(営業職)

①はい。確かにご指摘の通りですが、これまで経験した4社のうち2社は業績不振による合併及び、事業部門の閉鎖でした。転職回数が多くなりましたが、法人、個人、製造直売といったさまざまな営業を経験でき、②それぞれの営業手法や顧客の特性を把握できたことは、今後の糧になると思います。昨年30歳になりましたので、これまでの経験を生かして、今後は腰を据えて頑張りたいと考えています。

☞ Point

❶まずは面接官の指摘を認めたうえで、自分の意見を簡潔に述べる。
❷転職回数が多いことをマイナスにとらえずプラス面を説明する。

NG 回答例(営業職)

③4社のうち2社は会社の都合で辞めさせられましたので、私の意思ではありません。仕方がないと思います。厳しい経済状況ですから業績が悪くなり解雇されることも多いのではないでしょうか。辞めたくて辞めたわけではありません。④これまでの私の仕事は、運が悪かったと思っています。今後は、安定した会社で長く勤めたいと思います。

☞ Point

❸言い訳をすると面接の雰囲気が悪くなり、好感を持たれない。
❹他人事のような回答や安定した会社の選択という主張では評価されない。

弱点 Q56 ブランクが長いですが、大丈夫ですか？

面接官の質問の意図
① 長期のブランクで仕事の意欲が薄れていないか？
② 別のことを行なったためのブランクではないか？
③ 生活環境・健康状態に問題がないか？

回答のコツ
- 応募職種で生かせる自己啓発を行なってきたと回答する。
- 長期間転職活動を続けているが転職できないという回答は避ける。
- ブランクに短期間で辞めた企業があれば簡潔に述べる。

OK 回答例（総務職）

　社会保険労務士の資格を取得して人事、総務職としてスキルを高めたいと考え、ブランクが1年6カ月になってしまいました。今年資格を取得しましたので、労働保険、社会保険関連業務で知識を生かしていきます。ブランク中に友人が起業した会社の就業規則の作成や労働保険手続きを手伝いましたので、ブランクが業務に支障を与えることはないと思います。短期間で御社の戦力となれるよう頑張ります。

Point
❶ 独立の可能性がある資格取得であれば、企業内で生かしていくことを伝える。
❷ アルバイト経験があれば、回答して労働意欲をアピールする。

NG 回答例（総務職）

　社会保険労務士の資格をどうしても取得したく、専門学校に通い勉強をしたため、ブランクが1年6カ月になってしまいました。毎日6時間、休みもなく勉強を続けましたが合格できませんでした。社会保険労務士の資格を取ることを目標としてきましたのでとても残念ですが、生活費が底をつき仕事をしなければならなくなり転職活動を行なっています。

Point
❸ 今後は、資格をあきらめ仕事に打ち込むことを伝える。
❹ 仕事の意欲を感じない回答なので、資格の勉強で習得した知識を生かしたいと回答する。

弱点 Q57 短期間で前職を辞めていますが、何かありましたか?

面接官の質問の意図
①自社でも同様にすぐに辞めるのではないか?
②前職で職務能力、人間関係で問題がなかったか?
③前職の退職理由が会社批判になっていないか?

回答のコツ
- 「やりたいことを実現するため」と、志望動機に結び付けて回答する。
- 応募企業でやりたいこと、できることへの意欲を示す。
- 退職を必要以上に気にせず、貢献できることをアピールする。

OK 回答例(コンサルタント職)

はい。正社員の募集で入社したのですが、①入社後契約社員ということが分かり、3カ月で退職しました。入社前にきちんと確認しなかった私にも落ち度があると思いますが、正社員として長く勤務し成果を上げていきたいと考えています。②短期間でしたが、コンサルティング業界の知識を習得できたことは、決して私にとって無駄にはならなかったと思います。

Point
①方向性が違うことを簡潔に説明することで面接官の理解を得る。
②短期間であっても応募企業で生かせることをアピールする。

NG 回答例(コンサルタント職)

正社員の募集で入社したのですが、実は契約社員ということが入社後判明し、上司に相談しましたが、納得できる回答が得られず、会社に不信感を抱いて3カ月で退職しました。③求人募集には間違いなく正社員と記載されており、面接でも一切契約社員について話がありませんでした。私の④履歴の汚点になってしまい大変残念ですが、会社が悪いのですから仕方がないと思います。

Point
③事実であっても言い訳と受け取られるとマイナス評価をされる。
④仕事においても自分の非を認めず、責任転嫁する人材だと判断されるおそれがある。

弱点 Q58 茶髪や長い髪では、当社で働くことは難しいですね。

面接官の質問の意図
① 髪型を改めて臨むくらいの強い意志があるか？
② 指摘についてどのような態度や表情をするか？
③ 勤務態度や出勤で問題を起こすことはないか？

回答のコツ
- 面接官の指摘を認めたうえで、すぐに改めることを伝える。
- 不満そうな態度や表情をせず、謝罪する。
- 事前に忙しくて対応できなかったことを素直に謝罪する。

OK 回答例（販売職）

❶申し訳ありません。事前に髪を染めてカットをしようと考えていたのですが、ここ最近休みが取れず行きそびれてしまいました。❷すぐに髪を黒に染めて短くしますのでご容赦いただけますでしょうか。サービス業ではすべてのお客様に不快な気持ちをさせないことが原則であることは十分理解しています。清潔な印象でぜひ御社で働きたいと考えていますのでよろしくお願いします。

Point
❶ 本来はこの髪型で面接を受けるつもりではなかったことを謝罪する。
❷ すぐに対応することを伝えて面接官の反応を見る。

NG 回答例（販売職）

以前はこの髪型で接客の仕事をしていましたが、❸お客様から一度も指摘されたことがありません。自分と同じ年代の友人は、みんな髪を染めていますが、どうしていけないのでしょうか？ 納得できません。専門知識があれば、髪の色や長さなどそれほど関係ないと思います。❹どの程度の色と長さならばいいのでしょうか？ 御社に規定があるのでしたら教えてください。

Point
❸ 過去の経験を述べても、当社では難しいと一言で終わってしまう。
❹ 問いかけても、この時点ではすでに面接官に採用の意思がない可能性がある。

第4章 弱点についての質問と回答例

弱点 Q59 すぐに入社できる方を考えていますが、在職中だと難しいですね。

面接官の質問の意図

①自社の採用条件と合致しているか?
②本気で転職に取り組んでいるか?
③自社に対してどれだけ入社意欲があるか?

回答のコツ

●物理的に難しければ、どの程度の猶予が可能か確認する。
●具体的に可能な日程を示したうえで、交渉してみる。
●在職中にできることを提案してみる。

OK 回答例(経営企画職)

①内定後1カ月いただけましたら、確実に入社できますが、それでは難しいでしょうか。もしお許しいただけるのでしたら、②自宅における業務や土日にアルバイト社員として入社まで勤務することも可能です。職務内容を伺い、私のこれまでの経験を生かして即戦力として貢献できるものと確信し、ぜひとも入社したいと考えています。ご迷惑をおかけしますが、何卒ご配慮いただければ幸いです。

Point
❶確実に入社できる日程を提示し、面接官の反応を見る。
❷入社意欲を示すうえでも、在職中にできることを提案してみる。

NG 回答例(経営企画職)

在職中ですので、すぐに入社はできません。退職を申し出てから後③任者に引き継ぎをする時間が必要です。在職中ですぐに入社できない人は、私以外にもいるのではないでしょうか。④すぐにということは明日から入社しろということでしょうか。すでに会社を退職している人しか採用しないということでしょうか。私には納得できません。説明してください。

Point
❸どの程度引き継ぎに要するのか説明をする必要がある。
❹けんか腰で語れば、面接の場の雰囲気が悪くなり採用には至らない。

弱点 Q60 職場での年齢のギャップは気になりませんか？

面接官の質問の意図
① 既存社員と良好な人間関係を構築し仕事ができるか？
② 年齢が高いと言い訳をせず、前向きに仕事ができるか？
③ 自社の状況ややるべきことを理解しているか？

回答のコツ
● 過去の経験を踏まえて、良好な人間関係を構築できると説明する。
● 気持ちを切り替え、積極的に仕事をする姿勢を示す。
● 応募企業でやるべきことを理解し、実現の思いが強いことを示す。

OK 回答例（エンジニア職）

全く気になりません。前職でも20代の社員を中心としたチームで仕事を行なっていました。①むしろ同年代や年齢の高い社員以上に、打ち解けて仕事ができたと思います。年齢にかかわらず、御社に入社できましたら新入社員ですので、②1日でも早く社員の皆様から信頼を得られるよう、積極的に溶け込んでいき、これまでの経験を生かして御社に貢献できる人材になりたいと考えています。

 Point
❶ 年齢のギャップを感じさせないこれまでの経験を説明する。
❷ 真摯な気持ちで自ら積極的に溶け込み戦力となる姿勢を示す。

NG 回答例（エンジニア職）

正直、若い社員の方々が多いように思えますが、③来年45歳になりますので不安はあります。体力や記憶力は以前より衰えてきているように感じますが、厳しい雇用情勢ですので、そんなことも言ってはいられません。生活していかなければなりませんから、④昔取った杵柄(きねづか)で頑張ります。なるべく年齢を気にしないようにして、若い社員の方々と意見が合わないことがあっても仕事をしていきたいと思います。

 Point
❸ 不安があるような回答には、面接官は応募者以上に不安になる。
❹ 過去の実績ではなく、心機一転頑張ってもらいたいという面接官の意図に応えていない。

弱点 Q61 年齢が高いことで売りとなる強みがありますか?

面接官の質問の意図
①年齢が高いからこそ発揮できる強みがあるか?
②年齢を意識せず頑張る意欲があるか?
③過去の実績にとらわれず、貪欲に仕事に打ち込めるか?

回答のコツ
- 年齢が高いからこそ売りとなる経験や技術を具体的に伝える。
- 過去の実績を自慢せず、応募企業で生かせることを伝える。
- 年齢を問わず協調性を持って仕事に取り組むことを伝える。

OK 回答例（営業職）

20年間の営業経験で培った人脈が強みだと考えています。①個人、法人を問わず、これまで数千人のお客様と取引をさせていただいた経験は、販売ルートの確立や人脈を生かしたキーパーソンとの交渉などに生かせます。初めて購入していただいたお客様と、現在でもお付き合いが続いています。さらに営業スタッフの育成にも携わりましたので、②売れる営業担当者を育てることでも貢献できると思います。

Point
❶応募企業で欲しがる経験や技術、人脈を具体的に伝えることで興味を持たれる。
❷応募企業で考えていない採用メリットを語ることで評価される。

NG 回答例（営業職）

20年間の③1部上場企業での営業経験が私の強みです。取引先の多くがやはり上場企業で、年間数十億円の取引を行なってきました。昔は、1人で大物政治家や上場企業の社長と話をしたものです。今の若者にはこのような経験はできないでしょう。これまでの営業経験は、経験そのものが私の財産だと思います。④まだまだ20代の若者には負けない自信があります。

Point
❸応募企業が上場していなければ、ただの自慢話としか受け取られない。
❹社員同士の勝ち負けではなく、企業メリットで話をする。

弱点 Q62 当社は若い社員が多いのですが、やっていけますか？

面接官の質問の意図

①若い社員とのかかわり方について考えているか？
②自社で新たなスタートを切る気持ちで応募しているか？
③人間関係で大きなトラブルを起こしたことがないか？

回答のコツ

●これまでの経験を踏まえて、全く問題ないと回答する。
●気持ちを切り替え新たにスタートする気持ちでいることを伝える。
●過去を引きずらず、やるべきことを認識して臨むと回答する。

OK 回答例（営業職）

　前職でも20代の社員が多かったのですが、全く問題ありませんでした。逆に、20代の社員から仕事やプライベートのことで相談を受けることも多く、私も彼らの斬新な考え方に刺激を受けました。若い社員の行動力や考え方で見習う点も多くありますが、経験を積んでいるからこそ貢献できることもあると思います。御社においても良好な人間関係を構築し、成果を上げることができると思います。

👆 Point

❶先輩風を吹かせず、謙虚な気持ちで取り組む姿勢を示す。
❷豊富な経験があるからこそ貢献できることを、さりげなくアピールする。

NG 回答例（営業職）

　若い社員が私を受け入れてくれれば、問題ありません。若いからどうだというのではなく、相手の人間性によるものではないかと思います。前職ではどうしようもない20代の社員がいて、こちらから歩み寄ろうとしても大きな溝があり、大変困ったことがありました。御社はそんなことはないと思いますが、最近の若い人のなかには、責任感がなく自己中心的な社員が多いと思います。

👆 Point

❸自ら溶け込む積極性がなく受け身の回答であれば評価されない。
❹若い社員が多いと言われてこの回答では、若い社員と協調できないと判断されて採用されない。

第4章　弱点についての質問と回答例

101

弱点 Q63 未経験ですが、本当に大丈夫ですか?

面接官の質問の意図

①未経験の職種について本気で取り組む意志があるか?
②転職の本当の目的は違うところにあるのではないか?
③未経験の職種に対して自己啓発を行なっているか?

回答のコツ

● 面接官が不安を抱いている可能性があるので自己啓発していることを示す。
● 転職者だからこそ経験を生かして短期間で戦力になると回答する。
● 表情や語調に注意し、自信を持って「大丈夫です」と回答する。

OK 回答例(経理職・未経験)

経理職としては未経験ですが、前職では営業事務として 経理と連携を取り売上管理やスタッフの小口精算を行なっていました。また前職在職中に簿記3級を取得しましたので、仕訳なども全く問題ありません。現在も11月の試験に向けて簿記2級資格取得の勉強を行なっていますので、よりスキルアップをして短期間で御社の戦力になれるよう頑張ります。

NG 回答例(経理職・未経験)

未経験ではできないのでしょうか? 経験がないので不安はありますが、教えていただければ大丈夫だと思います。以前から経理職の仕事に就きたいと思っていたところ、御社の求人で未経験も可能と記載されていましたので応募しました。大丈夫? と問われれば、まだやっていないので何とも言えませんが、頑張ります。

☞ Point

❶ 面接官の不安を払拭するうえでも具体的にできることを伝える。
❷ 前向きに仕事をして短期間で戦力になれると回答する。

☞ Point

❸ 不安がある、教えてもらえるならという回答では評価されない。
❹ 未経験可能だから応募したというのは、質問に対しての回答になっていない。

弱点 Q64 募集条件の経験期間を満たしていないようですね。

面接官の質問の意図
① 募集条件を把握せず応募しているのか？
② 求めている職務能力があり応募しているのか？
③ 自社へ貢献できる人材で入社意欲があるか？

回答のコツ
- 募集条件を理解したうえで応募していることを伝える。
- 経験期間に見合う実務能力があることを伝える。
- 応募企業だからこそ入社したい意欲を示す。

OK 回答例（プログラマー職）

❶申し訳ありません。経験3年以上と記載されていることは承知しております。実務経験は2年しかありませんが、❷特定派遣社員として3社のシステム開発に携わりました。大学在学中は、アルバイトですが、ゲームソフトのプログラム開発経験もあります。御社の求人を拝見し、必要な言語もマスターしていますので、経験期間を満たしていませんが応募させていただきました。経験期間の条件を払拭するよう頑張ります。

 Point
❶募集条件を満たしていないことについて、まず謝罪する。
❷経験期間を満たしていなくても求められる実務能力があることを示す。

NG 回答例（プログラマー職）

申し訳ありません。経験期間は満たしていませんが、❸御社の求人を見てどうしても入社したいと思い、応募しました。前職を2年で退職してしまいましたので、今になってもう少し続けておけばよかったかなと思います。❹経験期間などの条件面で合致しない求人も多いので困ってしまいますが、条件面で合わないと気にしていたらどこも応募できませんので、積極的に応募しています。

 Point
❸入社したいという気持ちだけでなく、実務面の能力をアピールする。
❹不満や条件を無視していることを語っても面接官は評価せず、職務能力が低いととらえられる。

弱点 Q65 前職を体調不良で辞められていますが、大丈夫ですか?

面接官の質問の意図

① 現在は、体調が回復し業務に支障を与えないか?
② 労働意欲が高く、無理をしても問題がないか?
③ 精神面が弱く仕事を投げ出すようなことはないか?

回答のコツ

● 現在完治しているのであれば、業務に支障を与えないと回答する。
● 完治していれば、病気について伏せることもできる。
● 入社後通院が必要ならば、簡潔に事情を説明する。

OK 回答例(コンサルタント職)

前職では45日間休みを取らず、残業時間も月間90時間を超えていたため、体調を崩してしまいました。健康管理を怠ったと反省しています。❶ 現在は体調も完治し、週1回ジムに通ってトレーニングをしていますので、業務に支障を与えることはありません。完治しており、体調を崩す前より元気です。今後は、健康管理を行ない、積極的に仕事をしていきたいと思います。❷

☞ Point

❶ 現在完治しているならば、健康で業務に支障を与えない生活スタイルを説明する。
❷ 健康管理を怠らず積極的に仕事をしていくことを伝える。

NG 回答例(コンサルタント職)

前職では45日間休みを取らず、残業時間も月間90時間を超えていたため、体調を崩してしまいました。人員の補充が行なわれず、「頑張れ」の一言で、社員の健康など考えない会社でした。❸ 退職後、精神面でも不安になることが多く、❹ 現在心療内科に通院しています。しばらく仕事から離れていますので不安はありますが、無理せず仕事をしていきたいと思います。

☞ Point

❸ 会社批判と受け取られ、今後も同様の問題が起きると懸念される。
❹ 業務に支障を与えない通院なら、あえて職務経歴書や面接で伝える必要はないかもしれない。

弱点 Q66 希望する仕事は、前職ではできなかったのでしょうか？

面接官の質問の意図
① 退職理由、転職目的に信憑性がある回答か？
② 前職で職務能力に問題がなかったか？
③ 良好な人間関係を構築できるか？

回答のコツ
- 前職でできなかった理由を簡潔に回答する。
- やりたくない仕事でも積極的に行なう姿勢を示す。
- 応募企業で発揮できる強みを具体的に示して話題を転換する。

OK 回答例（商品開発職）

はい。栄養士の資格を生かして新商品開発に携わりたいと考え上司に相談をしましたが、商品開発部門の人員が充足しており、今後数年間は異動の見込みがないと言われました。製造工場のシフト管理や品質管理の仕事もやりがいがありましたが、商品開発の仕事をあきらめられずにいましたところ、御社の求人を拝見し応募させていただきました。

NG 回答例（商品開発職）

前職で上司に相談しましたが、経験がないから難しいと言われました。10年以上異動がない先輩社員も多いので、このまま在籍していても見込みがないと思いました。新商品開発部門は、実力ではなく社内の縁故で決まっているという噂を聞いたことがあります。どうしてもあきらめきれず転職を決意しました。

 Point
❶ 上司と相談して出した結論という回答は、一定の評価を得られる。
❷ 在職中であれば、応募企業の求人を見て決断したという理由を説明できる。

 Point
❸ 職務能力や経験不足で登用されないという回答は、応募企業でも同様の判断をされる可能性がある。
❹ 噂話を面接で持ち出しても信憑性のある回答にはならない。

弱点 Q67 アルバイト経験しかないのですね。

面接官の質問の意図
①アルバイト経験では職務能力が伴わないのでは？
②正社員としての自覚、仕事への意欲があるか？
③アルバイト経験のみの理由について信憑性があるか？

回答のコツ
- アルバイト経験のみでも求められている職務能力があることを示す。
- 残業や休日出勤が可能で、仕事への意欲が高いことを示す。
- 今後は正社員として企業に貢献し長く勤務したい意思を示す。

OK 回答例（マネジャー職）

大学在学中からコンビニエンスストアでアルバイトをしており、卒業後も継続してフルタイムでアルバイトをしてきました。経験が長いため❶レジ業務、商品陳列、さらに新人スタッフの研修や、店長が不在のときは店長補佐として商品仕入れ、売上管理といったマネジメント管理も行なっています。❷今後は正社員として現場を経験し、店舗の問題を抽出して改善できるエリアマネジャーを目指したいと考えています。

 Point
❶アルバイトであっても応募企業で生かせる職務能力を積極的にアピールする。
❷正社員として応募企業で実現したいことを具体的に回答する。

NG 回答例（マネジャー職）

大学在学中から演劇を行なっており、卒業後も劇団に所属して活動を継続してきたため、アルバイト経験しかありません。❸アルバイトはコンビニエンスストアでレジをやっていました。❹劇団員として頑張りたい気持ちもあるのですが、現実はなかなか厳しく生活できないため、正社員として就職したいと考えています。

 Point
❸アルバイトであっても応募企業で生かせる職務能力を掘り下げて回答する。
❹演劇を辞める意思を示さなければ、採用は難しい。

弱点 Q68 仕事をされた経験がないようですが、大丈夫ですか？

面接官の質問の意図
① 仕事の経験がない理由に信憑性があるか？
② 今後のキャリアビジョンを具体的に持っているか？
③ 経験がないことをどのようにとらえているか？

回答のコツ
- 資格取得の勉強をしてきたならば、生かせる知識を具体的に示す。
- 仕事に対して、企業で頑張っていく明確なビジョンを提示する。
- 悲観的にならず短期間で戦力になれると回答する。

OK 回答例（経理職）

大学卒業後、税理士の資格取得のため2年間勉強をしてきました。残念ながら資格は取れませんでした❶が、最初から2年間と決めていましたので、今後はその2年間で取得した❷簿記1級と会計知識を生かして、企業で戦力になれるよう頑張ります。大学在学中に、アルバイトですが通販会社で1年間入力業務の経験があります。今後は、正社員として真摯に仕事に取り組んでいきます。

NG 回答例（経理職）

大学在学中に就職活動を行なうか税理士を目指すか随分悩みました。就職せず税理士の資格取得のため、2年間勉強をしてきましたが、残念ながら資格は取れませんでした。この❸2年間ほとんど勉強に費やしてきましたのでとても残念です。あと少しで合格ラインだと思うのですが、❹いつまでも勉強に専念しているわけにはいかないので、就職しようと考えました。

Point
❶ 資格試験の勉強を今後は行なわず、気持ちを切り替えて企業で頑張る姿勢を示す。
❷ 応募企業で生かせる知識を具体的に説明する。

Point
❸ 企業は応募者の感情に興味がない。また、悔しい気持ちを切り替えられていない。
❹ 投げやりな気持ちで企業へ応募していると受け取られる。

弱点 Q69	自営業からの転職ですが、再び独立したいと思われるのでは?

面接官の質問の意図

① 再び独立を考えて応募していないか?
② 自社で発揮できる職務能力を自覚しているか?
③ 経営者から社員になることで組織に溶け込めるか?

回答のコツ

● 独立の意思はなく、企業で力を発揮していきたいと回答する。
● 社員になることに何ら抵抗がなく適応できることを伝える。
● 廃業に伴う金銭面の問題も解決していることを伝える。

OK 回答例(営業職)

①再び独立という気持ちは、全くありません。前職を閉職したときに今後独立はしないと決断しました。負債もすべて返済しています。12年間の営業企画の経験に加え、②独立後にゼロからさまざまな企業を新規取引先として開拓した経験は、御社の営業でもおおいに生かせると思います。また会社経営やマネジメント全般に携われたのも無駄にはならないと思います。私は御社で即戦力として貢献できるものと確信しています。

👆 Point

① きっぱりと独立の意思はないことを伝える。
② 独立を経験したことで得たスキルや職務能力が、応募企業でプラスになると回答する。

NG 回答例(営業職)

③将来のことは何とも言えませんが、負債を抱えていながら再び独立は難しいと思います。現在も返済しています。借金や資金繰りで悩むのはもうこりごりです。本当につらい経験でした。④会社員としてお給料をもらって安定した生活ができるようになりたいです。高い授業料になりましたが、私には経営者としての才覚や能力がないことを自覚しました。

👆 Point

③ 負債があるという回答では、面接官の不安を払拭できない。
④ 会社員だから安定しているといったとらえ方では、採用には至らない。

弱点 Q70 英語力が足りないようですが?

面接官の質問の意図
① 問題があるようだが大丈夫か?
② 英語力について自己啓発しているか?
③ 前向きに打ち込む姿勢が感じられるか?

回答のコツ
● 前職の英語に関する経験を説明し、現在自己啓発していると語る。

OK 回答例（購買職）

前職では、海外メーカーと英語によりメールのやりとりを行なっていましたが、語学力のスキルを高めるため、TOEIC800点のスコアを目指して自己啓発しています。また英会話の力をつけるため、英会話スクールでレッスンを受けています。今後もスキルを高めるよう努力してまいります。

 Point
❶ これまでの実務経験を伝え、不安を払拭させる。
❷ 自己啓発していることでスキルアップを期待させる。

弱点 Q71 子供が小さいのにフルタイム勤務は大丈夫?

面接官の質問の意図
① 家庭や周囲の協力態勢があるか?
② 仕事に対して意欲、熱意があるか?
③ 問題を改善しようとしているか?

回答のコツ
● 協力を得られるので問題ないことを、応募企業への入社意欲と共に伝える。

OK 回答例（商品企画職）

残業を含めて問題なく勤務できます。子供は保育園に預けていますが、22時まで対応していますし、私が迎えに行けないときは、主人が迎えに行きます。また近くに妹がいますので、緊急時は対応してもらえるよう話をしています。前職でもフルタイムで勤務しましたが、問題なく業務を遂行できました。

 Point
❶ 協力も得られて、問題がないことを具体的に説明する。
❷ 前職でも問題なかったという回答は、不安を払拭できる。

第4章 弱点についての質問と回答例

弱点 Q72 大学中退ですが、どうされましたか?

面接官の質問の意図
①回答に信憑性があり、納得できるか?
②継続できる強い意志があるか?
③労働意欲に問題がないか?

回答のコツ
●簡潔に理由を説明し、仕事に打ち込んでいく姿勢を伝える。

OK 回答例(営業企画職)

　実家が自営業ですが、父が体調を崩したため金銭面の理由から休学をし、実家の仕事を兄と手伝いました。幸い1年後に父の体調も良くなり、兄が事業を引き継ぐことになりました。大学に復学することも考えましたが、企業に就職しビジネスの力を高めていきたいと考え、前職に就職をしました。

 Point
❶金銭面の理由は一定の理解を得られる。
❷仕事でやりたいこと、できることを明確に示す。

弱点 Q73 遠隔地からなぜ応募しているのですか?

面接官の質問の意図
①転職理由に信憑性があるか?
②転居費用など金銭面で問題がないか?
③自社でできることを自覚しているか?

回答のコツ
●応募企業で実現できることや発揮できる職務能力を語り、本気度をアピールする。

OK 回答例(マーチャンダイザー)

　アパレルの店舗を5年間経験し、マーチャンダイザーを目指していますが、地元では求人がほとんどありません。今回御社の求人を拝見し、以前から自分でも愛用し大変共感できるブランドですので、遠隔地ですが応募させていただきました。これまで蓄えた貯金もありますので、速やかに転居できます。

 Point
❶その企業に応募した意図をきちんと伝える。
❷転居が速やかに行なえることを伝える。

第5章

その他の気になる
質問と回答例

転職面接では、予想もしていなかった質問
をされることがあります。しかしすべて意
図があり、面接官が採否を決断する重要な
質問なのです。
あらかじめ想定し、質問の意図に合う回答
を準備しておくことで乗り切ることができ
ます。

その他 Q74 現在の転職活動についてお話しいただけますか?

面接官の質問の意図

①自社が第1志望であり、回答に信憑性があるか?
②応募企業に一貫性があり職種や業界にブレがないか?
③他社と自社の違いについてきちんと認識しているか?

回答のコツ

●すべて正直に語る必要はないが、応募企業が第1志望と回答する。
●さまざまな業界や職種を希望していると転職目的に疑問を持たれる。
●応募企業のみの場合は、結果が出てから応募すると回答する。

OK 回答例(介護職)

　現在、介護関係の企業に3社応募しており選考が進んでいます❶が、御社が第1志望です。❷御社は、総合的な介護ビジネスを展開しており、医療機関を併設している点に魅力を感じています。御社の「常に利用者の方の立場で真心をサービス」という経営方針に大変共感しています。これまでの私のケアマネジャーとしての経験を生かして短期間で戦力になれると考えています。

NG 回答例(介護職)

　現在、離職中でこのまま決まらないと生活に支障がありますので、介護関係の企業に6社応募しています。❸介護関連は転職しやすいと言われていますが、なかなか厳しい状況です。これまで10社応募しましたが、不採用になりました。年齢やケアマネジャーとしての経験が浅いのが原因なのかもしれませんが、本当に厳しいと実感しています。❹

☝Point

❶応募している企業が多いと、自社への入社意欲が低いと判断される可能性がある。
❷応募企業だからこそ入社したい理由を具体的に述べる。

☝Point

❸職務能力が低いと判断される可能性があるので、正直に回答する必要はない。
❹どの企業も不採用になる応募者という印象を与える。

112

その他 Q75 この仕事で大切なことは何だと思いますか？

面接官の質問の意図
① 求めている職務について的確に理解しているか？
② 自社への入社意欲が高く十分調べているか？
③ 回答から仕事への前向きさを感じるか？

回答のコツ
- 応募企業から求められている職務について理解したうえで回答する。
- これまでの経験を踏まえた実例を添えて考えを述べる。
- 問題点があれば、前向きな改善方法を述べる。

OK 回答例（営業事務職）

　営業事務として大切なことは、事務スキルはもちろんですが、後方部門として営業担当者が営業に専念できるようバックアップすることだと思います。そのためには、資料作成についても迅速な対応だけでなく、読み手の立場を考えた資料作成を心掛けています。そのほか、お客様に満足していただける接客、電話応対、報告、連絡、相談の徹底などを考えて仕事を行ないます。

NG 回答例（営業事務職）

　営業事務として大切なことは特に思い当たりません。前職では課長から指示されたことを行なってきましたので、仕事で大切なことなどは特に考えていませんでした。入力業務や資料作成など決まった仕事が多いので、強いて言えば間違いがないようにきちんと仕事をすることと、欠勤をするとほかの部署の方に迷惑をかけますので休まないことです。

Point
❶ 簡潔明瞭に自信を持って回答すると、実務能力があると受け取られる。
❷ 実践するための方法を、経験を踏まえて具体的に回答する。

Point
❸ 仕事への意識やとらえ方を確認しているので回答する。
❹ 無理して答えると、仕事への意欲を感じさせない回答になる。

その他 Q76 今回募集の職種と異なりますが、営業企画はいかがですか?

面接官の質問の意図

① 異なる職種でも入社する意思があるか?
② 転職の志向に対して柔軟性があるか?
③ 異なる職種に対して "売り" となる強みは何か?

回答のコツ

- 興味のある職種であれば、発揮できる職務能力をアピールする。
- 希望しない場合は、募集職種の適性を再度アピールする。
- 単に人がいないのか、適性をくみ取った結果なのかを見極める。

OK 回答例(総務職)

　営業企画は、企業の最前線であり大変興味があります。前職の経験を生かして総務の募集で応募させていただきましたが、営業を経験することも必要かと思います。前職でも会社の10周年記念パーティーなどで企画を行ないました。前々職の営業経験が2年しかないため不安がありますが、営業企画でこれまでの経験を生かせるのでしたら、ぜひ頑張りたいと思います。将来総務職に異動になる可能性はあるのでしょうか?

Point

❶ 提案について肯定することで、採用される可能性が高くなる。
❷ この質問をして可能性がないと回答されたときの返答を考えたうえで質問をする。

NG 回答例(総務職)

　営業企画といっても実際は営業の仕事ではないでしょうか。営業企画は、希望しません。前々職で営業経験がありますが、連日飛び込み営業で、売上も上がらず自分には向いていないと思いました。私は、総務で力を発揮していきたいと考え、今回総務の募集ということで応募させていただきましたが、総務では御社に入社するのは難しいのでしょうか。

Point

❸ 仮に採用しても将来の異動が難しいと判断されるため、採用されるのは難しい。
❹ 両方向で検討するといったあいまいな回答しか得られない。

その他 Q77 当社で採用されなかった場合、どうしますか？

面接官の質問の意図
① 自社への入社意欲に信憑性があるか？
② 現在の転職活動はどのような状況か？
③ 現状を理解し、問題解決能力があるか？

回答のコツ
- 入社したい強い意思を示し、「現状考えていない」と回答する。
- 思いを遂げたいので同業界、同職種の企業へ応募すると回答する。
- 発揮できる能力を、他社で生かして貢献したいと回答する。

OK 回答例（大学職員）

御校が第1志望ですので、現在は考えていませんが、❶大学職員にどうしてもなりたいという意志は固いので、ほかの大学に応募すると思います。❷学生の支援や募集、語学力を生かして留学生の受け入れといった仕事に携わり、貢献していきたいと考えています。採用されなかった場合は、原因を分析したうえで改善できる点は速やかに改善し、不足しているスキルがあれば自己啓発したいと思います。

 Point
❶ 同業界、同職種へどうしても転職したい意志をアピールする。
❷ 発揮できる強みをアピールし、他社に渡したくないと思わせる。

NG 回答例（大学職員）

ブランクも長くこれ以上長引きますと生活の問題がありますので、さまざまな企業へ応募して何としても転職できるよう頑張ります。厳しい雇用情勢ですので、❸大学だけにこだわっていられませんから、民間企業も積極的に応募したいと思います。大学職員は応募者が多いと伺っています。❹採用されないおそれがありますので、今から次の準備をしていきたいと思います。

 Point
❸ 大学職員に就きたいという強い意志が感じられない。
❹ 職務能力が劣ると受け取られるので、不採用になるおそれについて述べるべきではない。

第5章 その他の気になる質問と回答例

その他 Q78 これまで何社くらい応募されましたか?

面接官の質問の意図

① 転職を本気で考え、活動をしているか?
② 転職目的や方向性が明確で、ブレがないか?
③ 不採用が続き、職務能力に問題がないか?

回答のコツ

● 必ずしも正直に回答する必要はない。3社程度が妥当だろう。
● 他社についても同職種を志望していれば方向性がアピールできる。
● 数が多いとどの企業にも採用されないイメージを与えてしまう。

OK 回答例(経理職)

　これまで御社を含めて3社に応募し現在選考が進んでいますが、前職と同業界で、即戦力として仕事ができる御社が第1志望です。本日面接で、今後の事業計画や転職者に求めていることを伺い、より一層入社したい気持ちが強くなりました。ぜひとも御社に入社させていただければと思います。

NG 回答例(経理職)

　これまで1年間で50社ほど応募しています。厳しい雇用情勢ですので書類選考が通過し面接まで進めたのがそのうち7社ですが、残念ながら採用されませんでした。転職が厳しいことを肌で感じています。転職したい気持ちは強いのですが、最近は、応募してもうまくいかないのではと不安になり、興味のある企業でも応募を躊躇してしまいます。

☞ Point

❶ 他社ではなく応募企業だから入社したい強い意志を示す。
❷ 面接を通じてより一層入社意欲が高まったというアピールは有効。

☞ Point

❸ 正直に語ることで、マイナス評価になる可能性がある。
❹ 感想を求められているわけではないので、回答は控える。

その他 Q79 上司と意見が合わない場合、どうしますか?

面接官の質問の意図
① 交渉力があり、良好な人間関係を構築できるか?
② 企業利益を優先する行動ができる人材か?
③ 回答が実体験であり信憑性があるか?

回答のコツ
- 良好なコミュニケーションができ、成果を出せたことを説明する。
- 上司の意見に従うだけではなく、自分の主張もすると回答する。
- これまでの経験を実例として説明し、信憑性のある回答にする。

OK 回答例(営業職)

仕事では、それぞれの立場や考え方があり、特に上司は会社の全体像をとらえて判断するケースが多いので、❶じっくりお話をさせていただき、上司の意見を伺います。目指す方向性は、❷会社への利益貢献ですので、この点がぶれないように私の考え方も申し上げ、最終的には、上司の指示に従い、仕事を遂行します。

NG 回答例(営業職)

前職でも上司と対立したことがありました。私はお客様のことを考え納得できない商品は勧められないと主張したのですが、❸上司は会社の方針だから仕方がないという考えで、私の意見を認めてくれませんでした。結局このことが原因で退職しましたが、❹納得できない商品を強引にお客様に販売するやり方は理解できません。

 Point
❶ 主張を押し通すのではなく、上司の意見を聞く姿勢は好感が持たれる。
❷ 感情的にならず意見を述べたうえで、上司の意見に従うとまとめる。

 Point
❸ 上司との関係が悪くなったという回答では、自社でも同様の問題が起きると判断される。
❹ 不平や不満を述べても、一方的な主張では面接官の理解を得られない。

その他 Q80 前職は円満退社ですか?

面接官の質問の意図

①前職で人間関係や職務能力に問題がなかったか?
②表情や語調から回答に信憑性を感じるか?
③仕事に対して責任感を持って取り組んできたか?

回答のコツ

●引き継ぎをきちんと行ない円満に退社したと回答する。
●円満に退社していない場合、会社批判にならないように説明する。
●会社都合でなければ、問題なく退社したと回答する。

OK 回答例(人事職)

　はい。円満に退社しました。上司に退社を申し出た際引き留められましたが、退社の意志が変わらないことを伝え、担当していたお客様を後任へ引き継ぎ、退社後に不明な点がないように、引き継ぎ事項を書面にまとめました。前職の上司や同僚から、退社後も長い付き合いをしようと言葉をかけてもらいました。

NG 回答例(人事職)

　前職は、円満に退社できるような企業ではありませんでした。退社を申し出た途端、上司の態度が変わり、ほとんど会話をすることもなく、冷たい態度になりました。私だけではありませんが、会社を辞めさせない雰囲気で、辞める人は悪者という風潮があり、送別会なども一切行なわれませんでした。退社にあれほどエネルギーがいるとは思いませんでした。

☞ Point

❶引き継ぎをきちんと行ない退社したことは、アピール材料になる。
❷この回答から円満退社した応募者の人柄が感じられる。

☞ Point

❸自己都合で辞めているならば、問題なく退社したと回答できる。
❹会社批判と受け取られ、応募者側だけの主張では理解を得られないことが多い。

その他 Q81 何か質問がありますか？

面接官の質問の意図

①入社意欲が高く内定を出せば入社するか？
②会社や仕事のことを的確に理解しているか？
③条件面のみで当社を志望していないか？

回答のコツ

●原則として仕事内容や会社状況について質問をする。
●待遇や労働条件のみの質問はできる限り避ける。
●特に質問がなければ、入社意欲をアピールする。

第5章　その他の気になる質問と回答例

OK 回答例（コンサルタント職）

（パターン1）
　特に質問はありません。本日詳しくお話を伺い、①ますます入社したい意欲が高まりました。ぜひ御社に入社したいと思います。よろしくお願いいたします。

（パターン2）
　現在在職中ですので、②内定をいただきましたら引き継ぎを行ない速やかに入社したいと思いますが、現職の就業規則で退職まで1カ月かかります。問題はないでしょうか？

NG 回答例（コンサルタント職）

（パターン1）
　③待遇面についてお話がありませんでした。年収500万円以上希望していますが、いただくことは可能でしょうか？

（パターン2）
　④特に質問したいことはありません。

👆 Point

❶特に質問がない場合、説明を受けて入社意欲が高まったと回答する。
❷入社時期を確認しながら、入社意欲をアピールする。

👆 Point

❸最終面接であれば質問してもいいが、内定後に交渉することもできる。
❹「ありません」だけでは、入社意欲がないと受け取られる。

119

その他 Q82 仕事をするうえで嫌いなタイプはどのような人ですか?

面接官の質問の意図
①対人関係で問題を起こすタイプではないか?
②仕事への信念があり責任を転嫁しないか?
③自己分析ができており組織での役割を理解しているか?

回答のコツ
- 基本は良好な人間関係を構築できるという姿勢で回答する。
- 回答時に感情的にならないように注意する。
- いないと回答する場合でも、いない理由を簡潔に説明する。

OK 回答例（品質管理職）

仕事では、さまざまなタイプの方がいて成果を上げていくものと考えていますので、特に嫌いなタイプの人はいません。あえて言わせてもらえば、約束を守れない人です。仕事は社内、社外ともに信頼関係が大切だと認識していますが、約束を守れない人とは信頼関係を構築することが難しいと思います。なぜ約束を守れないのか相手の立場になり考えてはみますが、仕事に問題を起こさないように注意を払い接します。

Point
❶仕事の目的を語ったうえで、どのようなタイプでも対応できることを示す。
❷理解を得られるような当たり障りのない回答をする。

NG 回答例（品質管理職）

実力もないのに偉そうな態度を取る人間は、大嫌いです。前職の先輩社員は、まさにこのようなタイプで、専門知識がないため仕事もできませんでしたが、先輩風を吹かせて偉そうに振る舞っていました。本当に嫌な先輩でした。向こうも私のことが嫌いみたいで、食事や飲み会に同僚が誘われても、私は一切誘われませんでした。あのような人間がいる会社では働きたくありません。

Point
❸抽象的な表現では、面接官は自社にも同様の社員がいると判断する。
❹本人に何か問題があり良好な関係が築けないと懸念を抱かれる。

その他 Q83 仕事でうまくいかないとき、気持ちをどうコントロールしますか?

面接官の質問の意図

① 感情が安定しておりストレスをためることがないか?
② 仕事を投げ出すようなことや責任を転嫁しないか?
③ 自己分析ができており自分自身を理解しているか?

回答のコツ

● 感情的にならず気持ちをコントロールする方法を簡潔に述べる。
● 休日にリフレッシュし気持ちを切り替えていると回答する。
● 問題が生じても冷静に対処できることをアピールする。

第5章 その他の気になる質問と回答例

OK 回答例(研究開発職)

別の角度から改善策がないか検討します。別の視点でとらえると行き詰まっていた気持ちが解放され改善策が見つかることも多く、気持ちをコントロールできます。また1人で抱え込まず周囲に相談をして、改善策を見出すこともありました。私生活では、週末にジムに通い気持ちをリフレッシュさせています。週末に汗を流すことで、月曜から新たな気持ちで仕事に打ち込めます。

NG 回答例(研究開発職)

1人で抱え込み、どうにもならなくなって感情的になることがあります。気持ちをコントロールすることは難しく、上司に相談をしてほかの社員に仕事を割り振ってもらいます。仕事を安請け合いしてしまい、仕事が忙しくても1人で我慢してしまう方なので、上司からはもっと早く相談するようにと言われますが、性格からでしょうか。なかなかできません。

Point

❶ 仕事の取り組み方から、気持ちをコントロールしていることは好感が持てる。
❷ 休日の過ごし方から、応募者の私生活をチェックしている。

Point

❸ 自社でも同様の問題が生じると受け取られる。
❹ マイナスの印象を与える回答は極力避ける。

121

その他 Q84 この業界は今後どのようになると思いますか？（経験者への質問）

面接官の質問の意図
① 職務経歴に信憑性があり業界知識を把握しているか？
② 前向きにとらえており、意欲的に仕事を行なうか？
③ 柔軟性を持って仕事に取り組めるか？

回答のコツ
- 経験者として業界の方向性と取り組むべきことを説明する。
- 厳しい業界でも活路を見出せることを具体的に説明する。
- 固執した考えではなく、時代をとらえた柔軟な回答を意識する。

OK 回答例（企画営業職）

旅行業界は、今後お客様の志向に合った商品を提供できる企業が業績を伸ばしていくと考えています。❶これまでの安ければいいという価格重視から、自分の志向に合った満足できる旅行を求めるようになっています。❷特に60代以降の年代は、旅行にも慣れており高額でも充実した商品を望んでいます。マーケティングと企画力が企業の優劣をつけるので、お客様の志向に合う商品を積極的に提供していくことが大切だと思います。

Point
❶ 業界経験を生かして、方向性を見出せる具体的な回答を行なう。
❷ 具体的な動向を示すことで、信憑性のある回答になる。

NG 回答例（企画営業職）

旅行業界は、LCCが増えていることで今後はますます価格競争が激しくなると思います。前職でも、❸既存のパッケージ商品が売れなくなり業績を大幅に落としました。若い人は、旅行にも慣れておりホテルも自分で手配する時代です。低価格で販売できない旅行会社は❹今後生き残っていけない状況になり、明るい未来はないのではと考えています。

Point
❸ 売れる商品をなぜつくれないのか、応募者の資質が問われる。
❹ このような状況でなぜ同業界に応募するのか疑問を持たれる。

その他 Q85 この業界についてどの程度ご存じですか？（未経験者への質問）

面接官の質問の意図

①未経験の業界に本気で転職する意志があるか？
②自主的に業界知識を得ようとする意欲があるか？
③嫌だからという後ろ向きな転職ではないか？

回答のコツ

●未経験だからこそ事前に業界について調べて回答する。
●未経験であることを意識して、謙虚な姿勢で回答する。
●業界批判は行なわず、問題があれば改善策について説明する。

第5章 その他の気になる質問と回答例

OK 回答例（教育関連職・未経験）

教育業界は未経験ですが、学生時代に塾で講師のアルバイト経験があります。今回御社に応募するに当たり、ホームページを拝見しました。少子化のなかでより生徒のためになる教育が必要であり、生徒の能力や方向性に合った独自の教育が、今後ますます求められていくと認識しています。成果を上げるプログラムと親身に指導できる教師の質が、企業の明暗を分けると考えています。

NG 回答例（教育関連職・未経験）

教育業界は未経験ですので、よく分かりません。新聞記事では、少子化で学校が閉校になったことや世界レベルで日本の子供たちの学習レベルが低下していると書かれていますが、実態は経験がありませんので、何とも言えません。入社しましたら、業界についてじっくり調べてみたいと思います。業界知識がないからこそ、斬新な考えで仕事ができるかもしれません。

Point

❶業界でアルバイト経験や友人、知人がいれば、簡潔に説明する。
❷事前に調べたことやそこから感じたことを回答する。

Point

❸よく分からないという回答では、応募者の意欲が全く感じられない。
❹入社後に調べるという姿勢では、第1志望の業界ではないと受け取られる。

123

その他 Q86 正社員と派遣社員の違いは何だと思いますか?

面接官の質問の意図
① 正社員として勤務する自覚を持っているか?
② 仕事に対して意欲がありビジョンを持っているか?
③ 残業や休日出勤などの労働条件に合致するか?

回答のコツ
- 実務面のスキルを高め、意欲的に仕事を行なう姿勢を示す。
- 残業や休日などの労働条件で問題がないと回答する。
- 正社員は安定しているといった応募者側の事情で回答しない。

 OK 回答例(販売企画職)

派遣社員は、有期雇用で決められた時間に与えられた仕事をきちんとこなすことが大切ですが、正社員は職務を遂行するだけでなく、❶問題意識、改善意識を持ち、受け身ではなく積極的に仕事に取り組む姿勢が大切だと考えています。前職では派遣社員のため企画会議に出席できず悔しい思いをしたことがありました。正社員として、❷必要であれば残業や休日出勤もいとわず、企業の繁栄のために頑張っていきたいと思います。

Point
❶ 正社員としての仕事への取り組み方から違いを示す。
❷ 残業や休日出勤をいとわず企業貢献のために頑張ると回答する。

 NG 回答例(販売企画職)

派遣社員は、❸長期間勤務できないため生活が安定しません。賞与もなく、正社員と同じ仕事をしていて納得できませんでした。派遣社員と正社員では、待遇面で大きな違いがあることを実感しました。確かに正社員は定時で帰れないこともありますが、❹安定した生活ができれば、少しくらい帰りが遅くなっても仕方がないと思います。

Point
❸ 労働条件や待遇面は、求められている回答ではない。
❹ 残業も仕方がないから行なうという姿勢では、正社員として評価されない。

その他 Q87 前職の会社ほど大きくなく何でもやってもらいますが大丈夫?

面接官の質問の意図

①仕事の範囲が広く何でもやる実態を理解しているか?
②前職のプライドを引きずって入社しないか?
③求めている職務について的確に認識しているか?

回答のコツ

●気持ちを切り替え、仕事を限定せず積極的に取り組む姿勢を示す。
●求められている職務を何よりも実行したいと熱意を持って示す。
●新人としてのスタートであることを認識していると回答する。

第5章 その他の気になる質問と回答例

OK 回答例(総務職)

全く問題ありません。前職の企業規模は大きいものの、事業部制でしたので、事業部が一企業のような体制でした。私は企業規模には一切こだわらず、これまでの経験を生かして企業貢献し、存在価値を見出していきたいと考えています。企業規模や役職にとらわれず、転職で入社すれば新人ですので、新たな気持ちで積極的に仕事に打ち込みたいと思います。

NG 回答例(総務職)

何でもやってもらうというと、何をするのでしょうか。できるかどうか不安です。前職ではそれなりの地位にいましたので、新卒の新入社員と同様のことを行なえと言われましても難しいと思います。前職が上場企業で御社との規模は違いますが、中小企業だからといって何でもやってもらいますと言われて「はい、分かりました」とは答えにくいです。

Point

❶やりたいこと、できることをするための転職だと伝える。
❷過去のプライドを捨て、新たな気持ちで企業のために頑張る姿勢を示す。

Point

❸質問の意図をくみ取れない応募者だと受け取られ、採用には至らない。
❹面接官を見下した回答をしないように注意する。

125

その他 Q88 社外の人々との交流がありますか?

面接官の質問の意図

① 社外の人脈から仕事への前向きな姿勢を感じるか?
② コミュニケーション能力、協調性があるか?
③ 社外の人間関係が、仕事に影響することがないか?

回答のコツ

● できれば異業種交流会などの仕事と関連する交流をアピールする。
● 飲み友達、遊び友達との交流だけでは、アピールにならない。
● 応募職種とかけ離れたビジネスの交流は、入社意欲が疑われる。

OK 回答例(企画営業職)

月に一度開催される異業種交流会に参加しています。年齢や職種を問わずさまざまな業界の方が参加されますが、非常に刺激を受けています。トレンドをつかむうえでも異なる業界の方との交流は、大変役立ちます。また、大学時代の仲間と定期的に食事会を行なっていますが、さまざまな分野で働いている仲間との交流も、打ち解けて会話ができ良い機会だと考えています。

Point

❶ 2次質問として、社外の交流が応募企業でどのように生かせるか問われる。
❷ 友人との交流も、良好な人間関係を築けることのアピール材料になる。

NG 回答例(企画営業職)

前職では、毎日帰宅時間が遅く、休日も睡眠に当てていたため、社外の人との交流はあまりありませんでした。大学の同級生とたまに飲みにいくことや高校でバスケットボールをやっていましたので、クラブのOBとして半年に一度、練習に参加する程度です。前職では毎日が忙しく、社外の交流よりいかに売上を上げるかを毎日悩んでいました。

Point

❸ 正解はない質問なので、問われた場合は交流があると回答する。
❹ 悩んでいたというだけでは、成果や実績が分からず評価されない。

その他 Q89 労働環境など整備されていない点がまだまだありますが大丈夫?

面接官の質問の意図

①自社の現状を的確に理解しているか?
②自社に入社してやるべきことを把握しているか?
③現状を踏まえたうえで入社意欲が高いか?

回答のコツ

● 問題点があるからこそ入社をして改善していきたいと回答する。
● 現状を理解したうえで、入社してやるべきことを提案する。
● 不安な表情を見せず企業と共に成長していきたいと回答する。

OK 回答例(人事職)

　全く問題ありません。転職者に求められているのは、完成された企業ではなく、これまでの経験を生かして、不備な点を改善し、より素晴らしい企業にすることだと認識しています。労働環境を整備し、社員が働きやすい環境を構築することが、企業の発展につながりますので、共に整備していきたいと思います。

NG 回答例(人事職)

　労働環境は、働く社員にとって大切なことですから、今後整備されるように期待します。働く環境が悪ければ良い仕事などできません。前職でも就業規則が整備されていないため、労働基準監督署から指摘を受けたことがありました。社員のことを親身に考える企業が伸びていく企業ですから、労働環境の整備はすぐに行なう必要があると思います。

Point

❶ ややでき過ぎた回答だが、面接官は悪い気がしない。
❷ やるべきことを謙虚な姿勢で簡潔に回答する。

Point

❸ 転職者であれば自ら改善する意欲が求められる。
❹ 前職の問題点は企業情報に触れることもあるので、口外するのは注意が必要だ。

第5章 その他の気になる質問と回答例

その他 Q90 当社のホームページは見ましたか?

面接官の質問の意図
①回答から入社意欲を感じるか?
②他社との違いを認識しているか?
③やりたいことが明確か?

回答のコツ
●事前に必ずホームページを見て他社との違いや独自性を整理する。

OK 回答例(エステティシャン)

はい。①トップ画面で御社の社員の方々の写真が次々にフラッシュ画像で映し出されていますが、どの方も素敵な笑顔でとても印象的です。また御社のサービス内容だけでなく、エステティックのとらえ方、業界の現状と将来像まで掲載されており、②エステティック業界のリーディングカンパニーだと理解しました。

Point
①具体的な感想を述べて、入社意欲をアピールする。
②ホームページを見たうえで理解したことを簡潔に回答する。

その他 Q91 当社の商品をご存じですか?

面接官の質問の意図
①自社への入社意欲が高いか?
②商材から何ができるか考えているか?
③本気で転職を考えて応募しているか?

回答のコツ
●面接を受けるからには、応募企業の商材や特徴を理解したうえで応募する。

OK 回答例(販売職)

はい。御社の基礎化粧品は、①大学時代から使用させていただいています。敏感肌の私でもしっとりなじみ満足しています。また入浴剤もリラックス効果があり、自然な香りが気に入っています。②先日も店舗にお伺いし、新商品のアロマを購入しました。ナチュラルベースの御社の商品に大変共感しています。

Point
①以前から愛用しているという回答は、好感を持たれる。
②応募前に店舗へ行くことは、入社意欲のアピールにつながる。

その他 Q92 大きな病気をされたことがありますか?

面接官の質問の意図
① 業務に支障を与えることがないか?
② 職務経歴書に信憑性があるか?
③ 健康管理の意識があるか?

回答のコツ
● 現状業務に支障を与えることがないという前提で回答する。

OK 回答例(企画職)

　前職で新規プロジェクトのリーダーとして無理をしてしまい、胃潰瘍になったことがあります。現在は完治し全く問題ありませんが、病気になって初めて健康の大切さを実感し、それからは健康管理には十分注意しています。週末はジョギングをして汗を流していますので、いたって健康です。

 Point
① 業務に支障を与えないことを伝える。
② 病気について述べる場合は、現状問題がないことを伝える。

その他 Q93 緊張されていますか?

面接官の質問の意図
① 緊張を解き本質を見極められないか?
② 問いかけに謙虚な姿勢で対応するか?
③ コミュニケーション能力があるか?

回答のコツ
● 指摘をされた場合は、素直に緊張していることを伝えると気持ちが和らぐ。

OK 回答例(総務職)

　申し訳ありません。久しぶりの面接なので、少し緊張しているようです。普段はこのようなことはないのですが、御社へどうしても入社したいという思いが強く、思いを伝えようとすればするほど気持ちが高まってしまいます。肩の力を抜いて回答するようにします。

 Point
① 素直に認めることで気持ちが和らぎうまく回答できることがある。
② 応募企業へ入社したい気持ちが強いことを伝える。

その他 Q94 休日はどのように過ごされていますか?

面接官の質問の意図
①私生活が業務に支障を与えないか?
②オンとオフの切り替えができるか?
③自己啓発を行なっているか?

回答のコツ
● 業務に支障を与えおそれがある回答は避け、仕事にもプラスになる回答をする。

OK 回答例（広告宣伝職）

休日は、仕事の疲れを取るために、のんびりとした時間を過ごします。話題の小説を読むことも好きですが、マーケティング関連の書籍を読んで自己啓発しています。近所にあるワッフルがおいしいお店に行ってブランチを楽しんでいます。また、3カ月に一度、大学時代の友人とバーベキューや釣りなどを楽しみます。

Point
❶仕事に関連する自己啓発を行なっていることは評価される。
❷交友関係について回答することも有効なアピールになる。

その他 Q95 仕事のストレス解消法はありますか?

面接官の質問の意図
①ストレスが仕事に支障を与えないか?
②コントロールする術を持っているか?
③性格は内向的か外交的か?

回答のコツ
● ストレスをためずに気持ちの切り替えができていると回答する。

OK 回答例（販売職）

もともとあまりストレスをためる方ではありませんが、ゆっくり入浴をすることで、ストレスを解消しています。リラックス効果のある入浴剤も多くの種類が販売されていますので、その日の気分に合わせて選んでいます。入浴することで気持ちの切り替えができ、ぐっすり睡眠を取れます。

Point
❶具体的に行なっていることを回答して、面接官の不安を解消する。
❷ストレスをためずに仕事に打ち込める人材だとアピールできる。

その他 Q96 今日はあいにくの天気ですね。

面接官の質問の意図
①コミュニケーション能力があるか？
②悲観的に状況をとらえず回答できるか？
③表情から面接の意気込みを感じるか？

回答のコツ
●「はい」と一言で終わらせず、言葉のキャッチボールを意識する。

OK 回答例（営業職）

（パターン1）
　はい。それほど強くは降っていませんが、今日は朝から全国的に雨のようですね。昨日が晴天で暖かかったので、今日は少し寒く感じます。

（パターン2）
　そうですね。最近晴天が続いていましたので、恵みの雨かもしれませんね。

Point
❶問いかけに対して言葉を投げかけることで親近感が増す。
❷前向きにとらえる会話から、仕事も前向きに行なう印象を与える。

その他 Q97 食べることは好きですか？

面接官の質問の意図
①言葉の投げかけに対応できるか？
②社外でどのような交友関係があるか？
③食べることを楽しんでいるか？

回答のコツ
●原則として好きと答えて、好きな食事や店について回答する。

OK 回答例（商品企画職）

　はい。特に和食が好きで、話題のお店や新しいお店ができると、友人とよく行きます。高価な食事はなかなかできませんが、B級グルメにはまっています。B級グルメでは焼きそばと汁物にこだわりがあります。また自分で調理することも好きで、豚の角煮は「おいしい」と家族から褒められます。

Point
❶話題のお店についてさらに質問をされる可能性がある。
❷具体的な内容を語ることで、面接官との距離感が縮まる可能性がある。

第5章　その他の気になる質問と回答例

その他 Q98 奥様は転職について何と言っていますか？

面接官の質問の意図
①家庭で問題を抱えていないか？
②自社への入社意欲は本物か？
③家族に秘密で転職を考えていないか？

回答のコツ
●妻は「賛成している」「応援している」といった回答をする。

OK 回答例（経理職）

妻だけでなく娘も賛成しています。先日御社に応募することを妻に話しましたら、妻も以前から御社を知っているそうで、「入社できるといいね」と言っていました。娘も現在就職活動中ですので、家族の間では専ら就職と転職の話題で盛り上がっています。

Point
❶妻の言葉を具体的に述べると信憑性が増す。
❷子供について語ることで円満な家庭をアピールできる。

その他 Q99 実家が自営業だと後を継ぐのでは？

面接官の質問の意図
①自社に定着せず辞めてしまわないか？
②後継ぎについて話をしているか？
③自社への入社意欲が高いか？

回答のコツ
●継ぐつもりがなく家族とも話をしていると回答する。

OK 回答例（営業職）

いいえ、私は大学卒業後民間企業へ就職しましたが、兄はすぐに父の会社へ入社し、現在は兄夫婦が父の元で働いています。兄が家業を継ぐことを家族で決めていますので、私が家業を継ぐことはありません。私は、御社でこれまでの経験を生かして頑張りたいと思います。

Point
❶家族で話し合っているという回答は説得力がある。
❷固い決意を述べることで、不安を払拭できる。

第6章

職種別の質問と回答例

転職の面接では、採用側が求めている職種
が明確なケースが多いので、職種別に独自
の質問が行なわれます。専門職として、プ
ロ意識を持った回答が求められます。
「営業職」、「技術職」、「販売職」、「事務職」、「管
理職」など各職種に向けた質問の意図や回
答のポイントを理解し、スキルや経験に興
味を持たれるように話してください。

営業職 Q100 これまでの実績をお話しいただけますか?

面接官の質問の意図
① これまでの実績から職務能力に信憑性があるか?
② 自社の職務に関連しており生かせるか?
③ 実績におごらず謙虚な姿勢で回答しているか?

回答のコツ
- 業界が違う場合は、金額ではなく前年対比、達成率などで回答する。
- 応募企業で発揮できる能力を踏まえて回答する。
- 謙虚な姿勢でこれまでの実績をアピールする。

OK 回答例（営業職）

建築資材の営業職で5年間勤務しましたが、退職前3年連続で、売上目標を達成できました。特に昨年は前年対比130％、目標達成率140％を達成し、全事業所の営業担当者70人のなかで3位になりました。入社後地道に営業活動を行ない顧客の要望を聞き出し、担当者に価格、品質で満足していただける商品を提案できた結果だと思います。御社でもこれまでの営業経験を生かして実績を残したいと思います。

Point
① 伝えたいポイントを最初に語ると、面接官はイメージできる。
② 具体的な数値を語ることで、質問の意図に応えている回答になり信憑性が増す。

NG 回答例（営業職）

実績といえるかどうか分かりませんが、昨年は年間で1億2千万円を売り上げました。離職者が多いなかで10年間一貫して営業に携わってきたことも私の実績といえます。営業は会社の顔ですので、常に会社の代表という気持ちで営業を続けてきました。最近の不況で売上は伸びませんでしたが、あきらめずいつか日の目を見ることを期待して営業を続けています。

Point
③ 業界が異なる場合、売上だけでは能力を評価できない。
④ 精神論を求めているのではなく、具体的な数値を求めている。

営業職 Q101 飛び込み営業で新規顧客を開拓しますが大丈夫ですか?

面接官の質問の意図
① 自社の営業を理解したうえで入社を希望しているか?
② これまでに飛び込み営業の経験があるか?
③ 前向きにチャレンジしていく仕事の姿勢を感じるか?

回答のコツ
- 「大丈夫?」の問いには、「全く問題ない」と答える。
- これまでに同様の経験があれば、成果と共に回答する。
- 回答だけでなく、回答時の表情も明るくやる気を示す。

OK 回答例（営業職）

①全く問題ありません。前職でも新規顧客開拓のため飛び込み営業を行ないました。前職の飛び込み営業では、最初はなかなか話を聞いてもらえなかったのですが、②売るという姿勢から、お客様の要望を伺うことに集中することで、お客様との信頼関係を築くことができ成約を取ることができました。飛び込み営業で新規顧客を積極的に開拓し、売上を伸ばしていきたいと思います。

Point
❶ 問いかけに対して、全く問題ないと最初に回答する。
❷ 前職の経験を具体的に語ることで、信憑性が増した回答になる。

NG 回答例（営業職）

正直、前職ではほとんど飛び込み営業は行ないませんでした。新卒で入社したとき、新入社員研修で行なっただけです。③飛び込み営業は時間がかかる割に非効率だというのが前社の考え方でした。実際に100件飛び込み訪問しても1件も成約できないことがありました。御社で実践しているのでしたら、④売上につながるかどうか分かりませんがやってみたいと思います。

Point
❸ 応募企業の営業方法を否定することになり、好感を持たれない。
❹ やる気を感じられない回答で、採用は難しいと判断される。

第6章 職種別の質問と回答例

企画職 Q102 これまでの経験を当社で どのように生かせますか?

面接官の質問の意図

①自社で汎用できる経験やスキルがあるか?
②自社でやりたい企画を具体的に持っているか?
③自社だからこそ入社したい意欲があるか?

回答のコツ

●応募企業から求められている職務を想定する。
●応募企業で生かせる職務能力を具体的に回答する。
●応募企業だからこそ入社したい意欲を示す。

OK 回答例（企画職）

電化製品、食品の広告デザインにプレゼンテーションの段階から携わってきた経験を生かせます。前職でのプレゼンテーションの勝率は6割以上でした。御社も電化製品、スポーツ用品の広告に強いので、商品コンセプトと市場性を読み取り、売れる広告デザインを提供できます。またチーフデザイナーとして印刷物だけでなく映像、ウェブの制作にかかわるディレクションの経験を生かし、即戦力として貢献できます。

👆 Point

❶これまでの実績を簡潔に示すことで、職務能力がアピールでき回答の信憑性が増す。
❷具体的に応募企業で発揮できる職務能力を回答する。

NG 回答例（企画職）

前職では通販サイトの広告企画を行なってきました。御社は紙媒体も扱っており形態は違うかもしれませんが、これまでの経験を生かせると思います。広告はどの分野でも斬新で目立つものを作成するよう心掛けています。市場を読み取ることも大切ですが、市場ばかり気にしていては、インパクトのある広告デザインはできません。受賞できるような広告デザインをつくります。

👆 Point

❸漠然と生かせるという回答では、職務能力をアピールできず面接官は納得しない。
❹応募企業の考え方と異なれば、採用には至らない。

編集職
Q103 当社で提案できる企画が ありますか?

面接官の質問の意図

①具体的な企画を提案できるか?
②転職目的が明確で貢献できる人材か?
③強い入社意欲を感じるか?

回答のコツ

● 応募企業が得意とする分野を把握したうえで提案する。
● 応募企業だからこそ経験を生かして貢献したいと伝える。
● これまでの経験を語ったうえで、企画の信憑性を高める。

OK 回答例(編集職)

　御社がビジネス書に強いので、これまでのビジネス書の編集で培った著者との人脈を生かして、ご提案できる企画があります。特に①スマートフォンのアプリ開発、FX、株式投資に関する書籍は、すぐに著者とコンタクトが取れます。さらに②前職では女性をターゲットにした書籍の編集経験がありますので、女性のための起業成功ノウハウ本やアメリカで話題の呼吸法ダイエット関連書籍も手掛けてみたいです。

☝ Point
❶ 具体的な企画の方向性が合致すれば興味を持たれる。
❷ 既存の業態を押さえたうえで、新たな展開を期待させる企画案を提示してみる。

NG 回答例(編集職)

　前職は雑誌の編集を行なっていましたので、書籍についてよく分からない点もありますが、③御社で取り扱っていない旅行関係の書籍でしたら、以前特集を組んだ経験がありますので取り組むことができると思います。御社では難しいかもしれませんが、ダイエット本は、④今話題ですのでいずれやってみたいですね。

☝ Point
❸ 取り扱っていない企画を出しても受け入れられない可能性がある。
❹ 根拠がなくやってみたいというだけでは評価されない。

第6章 職種別の質問と回答例

技術職 Q104 技術者としての強みをアピールしてください。

面接官の質問の意図
① 自社で求めている職務と合致するか？
② 職務経歴書の内容に信憑性があるか？
③ やるべきことを理解しているか？

回答のコツ
- これまでの経験の強みではなく応募企業で生かせる強みを述べる。
- 事前に求められている職務を想定する。
- 具体的な経験を述べて、信憑性のある回答にする。

OK 回答例（技術職）

システムエンジニアとして、❶銀行系システム、通販管理システム、経理・人事関連システムの開発経験といった幅広い分野での開発経験と、チームリーダーとしての管理能力が私の強みで、御社で即戦力として貢献できると思います。また❷海外委託先のメンバーとのやり取りを英語で行なっていましたので、ビジネスレベルの英語力があります。

NG 回答例（技術職）

3年間技術部門ではなく営業部門で仕事をしていましたので、すぐに❸実践で能力を発揮できるか不安がありますが、以前は銀行系のシステム開発を行なっていました。技術面では若いスタッフの方が高いレベルの技術力があるかもしれませんが、技術者として10年間経験してきましたので、チームをまとめる力はあると思います。❹技術者としての勘を取り戻し頑張りたいと思います。

Point
❶ 応募企業で生かせる具体的な強みを回答する。
❷ 技術者としてビジネスレベルの語学力は強みになる。

Point
❸ 経験を求められているのではなく、発揮できる強みなので回答に違和感がある。
❹ 即戦力として期待できず採用は難しいと判断されるおそれがある。

技術職 Q105 営業職などへの異動の可能性がありますが大丈夫ですか?

面接官の質問の意図

① 技術職も会社があっての仕事だととらえているか?
② 企業貢献のために柔軟な対応ができるか?
③ 転職目的が明確で自社だからこそ入社したいのか?

回答のコツ

- 技術者としての実力を示したうえで異動も問題ないと回答する。
- 将来はマネジメントにも興味があると回答する。
- 技術力がないから何でもやると受け取られないように注意する。

OK 回答例(技術職)

　全く問題ありません。技術者としてこれまでの経験を生かしてより良い技術開発を行なっていきたいと思いますが、①技術者としての経験が営業やマネジメントに生かせるのであれば、チャンスがあれば積極的に取り組みたいと考えています。技術者としてスキルを高めることはもちろんですが、②企業の業績を伸ばしていける人材になりたいと考えています。

Point
① 大丈夫かと問われれば、積極的に取り組む姿勢を示す必要がある。
② 個人の目標ではなく、企業目標を意識した回答を行なう。

NG 回答例(技術職)

　技術者として15年間携わってきましたので、③今さら営業職と言われても正直戸惑ってしまいます。前職でも営業部門への打診がありましたがお断りしました。私は人と話すことが苦手ですので、④異動になっても営業経験のない私では、御社のためにならないのではないでしょうか。技術職に就きたくて応募しましたので、ここで「大丈夫です」とはお答えできません。営業に異動になる可能性は高いのでしょうか?

Point
③ 大丈夫かと問われて、難しいという回答では採用されない。
④ 技術職でもコミュニケーション力が求められることが多いので、職務能力を疑問視される。

販売職 Q106 販売で心掛けてきたことは何ですか？

面接官の質問の意図
① 求めている販売能力、対人折衝能力があるか？
② 販売で発揮できるマネジメント能力があるか？
③ 問題を認識し改善する能力があるか？

回答のコツ
- 応募企業の店舗を認識したうえで、心掛けたことを回答する。
- 応募企業で発揮できる販売能力をアピールする。
- 販売における経験を実例として説明すると信憑性が増す。

OK 回答例（販売職）

　常にお客様のニーズをくみ取り、期待以上の満足をしていただけるサービスを提供することです。そのためには、商品知識はもちろんですが、お客様に納得していただける商品説明や接客マナーが大切だと考えています。ご購入いただいたお客様が購入して良かったと思えるサービスを提供し、新たなお客様をご紹介いただける販売職であるよう常に努めています。

NG 回答例（販売職）

　とにかく売上を上げることに専念しました。毎日朝礼で本日のお勧め商品が提示されますので、お客様のニーズや商品の良さにかかわらず、売り残しをしないことを意識して販売しました。売上を日々意識し目標をクリアできるように頑張りましたが、達成できないときは自分で購入することもありました。このような販売方法では、お客様に満足してもらえる販売はとてもできません。

Point
❶ 心掛けてきたことであれば、多少抽象的な内容でも構わない。
❷ 応募企業でも生かせる販売力として、好感を持たれる。

Point
❸ 売上のみに専念する姿勢は賛否が分かれる。
❹ 質問の意図を理解せず、前職の会社批判と受け取られる可能性がありマイナス効果になる。

販売職 Q107 当社の店舗に行かれましたか？

面接官の質問の意図
① 商品や接客を理解したうえで応募しているか？
② 自社への入社意欲が高いか？
③ 経験を踏まえてやるべきことを理解しているか？

回答のコツ
- 事前に店舗に行き、商品や接客についての感想を述べる。
- 店舗の商品や接客で感じた良い面を整理し回答する。
- 改善点について質問される可能性があるので事前に整理しておく。

OK 回答例（販売職）

はい。3店舗に行きました。❶商品の品質が高いだけでなくリーズナブルな価格が魅力的でした。思わず目を留めてしまう陳列も感心しました。スタッフの方は、明るく温かみのある接客だけでなく、商品についても豊富な知識をお持ちでした。❷御社の商品は以前から興味があったのですが、笑顔の接客と商品説明に納得して購入しました。店舗を拝見し、より入社したい意欲が高まりました。

Point
❶ 具体的な良い面を中心に回答すると好感を持たれる。
❷ 必ずしも購入する必要はないが、入社意欲をアピールするうえで有効だ。

NG 回答例（販売職）

❸申し訳ありません。行きたいとは思っていたのですが、忙しい日々が続いていましてまだ行っていません。御社の店舗は、ほとんどのお店が百貨店やショッピングセンターに入っており、❹交通の便も良く行きやすい立地だと思います。ぜひ今度店舗に行ってみたいと思います。

Point
❸ 言い訳をしていると受け取られるおそれがあるので注意する。
❹ 便利な場所でありながらなぜ行かなかったのかと疑問を持たれる。

経理職 Q108 決算処理の経験はありますか?

面接官の質問の意図
① 決算処理を含めた経理能力を有しているか?
② 決算処理の経験がなくても向上心があるか?
③ 求めている職務を理解し応募しているか?

回答のコツ
- 決算処理に関連する経験を、簡潔に回答する。
- 経験がなくても知識があるので短期間で戦力になることを示す。
- 応募企業だからこそ経理業務に携わりたいことをアピールする。

OK 回答例(経理職)

はい。決算処理に伴い顧問税理士と打ち合わせを行ないながら、損益計算書、貸借対照表に関連する資料の作成を行ないました。最終的な決算処理は顧問税理士が行ないましたが、試算表、元帳の作成から必要書類の準備など一連の流れを経験し理解しています。御社における決算処理業務でも、即戦力として貢献できると思います。

NG 回答例(経理職)

前職では小口精算と請求書の発行が主な職務で、決算処理の経験はありません。決算処理は上司が担当していました。御社では決算処理まで行なえる人を求めているのでしょうか? 必要でしたら覚えますが、経験がないので最初からできるか不安です。

Point
❶ 決算にかかわる経験を具体的に回答する。
❷ 税理士、会計士が行なっていても事務処理経験をアピールする。

Point
❸ 言い方を変えれば、アシスタントとして経験があると回答できる。
❹ この質問をして必要と言われれば、採用される可能性は低い。

経理職 Q109 経理は未経験なのですね。

面接官の質問の意図

① 経理に関連する知識、スキルがあるか?
② 経理に就くための自己啓発をしているか?
③ 安易な気持ちで経理職を希望していないか?

回答のコツ

● 未経験であっても関連する経験があれば回答する。
● 経理に就くために自己啓発していることを具体的に述べる。
● 未経験の職種を希望する転職目的を述べる。

第6章 職種別の質問と回答例

OK 回答例(経理職・未経験)

前職では営業事務として、経理と連携しながら小口精算や月次の売上に関する帳票類の作成を行なっていました。経理と連携を図りながら行なうことも多く、経理関連の職務を行なっていた関係で、経理職に就きたいと考え在職中に簿記3級を取得しました。現在簿記2級の資格取得を目指して勉強しており、11月の試験を受験します。これまでの経験と経理知識を生かして、短期間で戦力になれるよう頑張ります。

Point

❶ 経理に関連する実務経験があれば回答する。
❷ 経理に就くために自己啓発を行ない、資格であれば受験時期まで回答する。

NG 回答例(経理職・未経験)

はい。経験はありません。前職は店舗で販売を行なっていましたが、立ち仕事ではなく事務職が向いていると考え、経理を希望しています。未経験ですので、ご迷惑をおかけすることもあるかと思いますが、教えられたことをきちんと行ないます。簿記の資格を取った方がよろしければ、入社後資格取得の勉強を始めたいと思います。

Point

❸ 自ら学んでいく姿勢がなく、受け身の姿勢では、未経験の職種であれば採用されない。
❹ すでに自己啓発を行なっていると回答すべき。

143

営業事務職 Q110 営業事務職として大切にしていることは何ですか？

面接官の質問の意図

① 自社で求めている営業事務職と合致するか？
② 営業事務として仕事への意欲が高いか？
③ 協調性やコミュニケーション能力があるか？

回答のコツ

● 実務能力を示しながら、親身にバックアップしていく姿勢を示す。
● 営業事務職として向上していく姿勢を示す。
● 良好な人間関係が構築できることを示す。

OK 回答例（営業事務職）

　大切にしていることは、営業担当者がお客様に集中でき売上を上げられるよう、縁の下の力持ちとしてバックアップすることです。そのためには、パソコンスキルを高め、インパクトのある販促資料や読みやすい営業資料の作成、丁寧な電話応対、営業担当者への確実な報告、連絡、相談を常に意識して仕事を行ないます。指示された職務を全うするだけでなく、問題点があれば進んで改善することを心掛けてきました。

Point

❶ 営業担当者をバックアップし売上向上につなげる姿勢は評価される。
❷ 受け身ではなく、問題点を改善していく姿勢は好感を持たれる。

NG 回答例（営業事務職）

　前職では、残業を極力行なわないようにと指示がありましたので、時間内で仕事が終わるように仕事の配分をうまく行なうことを心掛けていました。日中は、営業担当者が外出してしまうので、お客様からの電話の取り次ぎが主な仕事です。それほど忙しくなく時間を持て余すこともありましたが、文字入力の練習をしていました。

Point

❸ 効率良く仕事を行なうよう常に心掛けていると回答すると評価が変わる。
❹ 質問の趣旨と異なり、あえて言うべきことではない。

総務職として発揮できる強みをお話しください。

面接官の質問の意図

① 総務職として求めている実務能力があるか？
② 組織適応力や交渉力があるか？
③ 新たにチャレンジする意気込みで臨んでいるか？

回答のコツ

- 総務職として求められている部分を想定しアピールする。
- これまでの実績を具体的に語ることで信憑性が増す。
- 問題点を抽出し改善していける能力をアピールする。

OK 回答例（総務職）

10年間の総務職の経験から、総務職全般の仕事で貢献できることです。特に就業規則、社内規定の改定、企業コンプライアンスの整備といった労働環境の改善に取り組み、社員が働きやすい環境を整備して定着率を高め業績を伸ばしました。規則を作成するだけでなく、②規則を実践し業績に反映させることが私の強みです。また株主総会に伴う事業報告書の作成、召集通知、社内報の発行も経験しています。

Point
❶ 応募企業で生かせる経験を具体的に述べる。
❷ 机上の空論と思われないように実践力をアピールする。

NG 回答例（総務職）

③総務職として裏方の仕事を積極的に行なえます。前職では、④何でも屋のようなところがあり、ほかの部署が忙しければ応援に駆けつけますし、配送部門の人手が足りなければ運転手もしていました。私は人当たりが良いので、1日でも早く既存の社員の方々と親しくなり各部署の業務が円滑に進むよう全力でサポートしていきます。

Point
❸ 総務職の仕事を把握していないと判断される。
❹ 何でも屋を求めている場合は別だが、強みを具体的に説明できなければ採用は難しいだろう。

第6章 職種別の質問と回答例

145

人事職 Q112 人事としてあなたの強みは何ですか？

面接官の質問の意図
① 求めている人事業務を理解しているか？
② 経験を踏まえて強みをアピールできるか？
③ 具体的にやるべきことを想定しているか？

回答のコツ
● 人事のなかで特に求められている職務について経験を踏まえてアピールする。

OK 回答例（人事職）

前職では人事業務全般に携わりました。特に、新卒採用150名、中途採用50名、合わせて200名の採用を行ないましたので、採用業務が私の強みだと思います。採用計画の立案、会社説明会、採用試験、内定者フォロー、新入社員研修といった職務に携わりました。優秀な人材を確保するための採用戦略を構築し実践していきます。

Point
❶ 採用に特化した募集でなければ、採用業務を強調することでマイナス要因になる場合も。
❷ どのような採用戦略なのか問われる可能性がある。

人事職 Q113 採用業務の実績と苦労した点は？

面接官の質問の意図
① 職務経歴書に信憑性があるか？
② 経験を具体的に回答しているか？
③ 経験から即戦力として活躍できるか？

回答のコツ
● 求められている採用業務を想定し、生かせる経験を強調して回答する。

OK 回答例（人事職）

昨年度は、新卒採用35名、中途採用15名の新入社員を採用しました。新卒内定者の研修内容やスケジュールの調整が大変でしたが、内定者全員を高いモチベーションで入社させることができました。中途採用では、即戦力の技術レベルの高い技術者を採用するため、大変苦労しましたが、求人媒体の内容を改善することで予定人員を確保できました。

Point
❶ 具体的な研修内容について質問される可能性がある。
❷ 苦労したが良い結果につながったという回答を行なう。

Q114 当社の実績をどう思いますか？
（クリエーティブ職）

面接官の質問の意図
①自社の特徴を理解し応募しているか？
②実績を自社でどのように生かせるか？
③自社への入社意欲が高いか？

回答のコツ
●応募企業の実績を事前に確認し、方向性に共感していることを示す。

OK 回答例（クリエーティブ職）

　ビジネス関連書籍では、売上高、経常利益共に毎年10%以上伸びており、安定した経営をされていると思います。さらに、新たな試みとして著者の講演会やセミナーを積極的に展開し、電子書籍やDVDの販売にも力を入れている点に攻めの経営をされている企業だと感じております。

 Point
❶事前に実績を調べたうえで、簡潔に回答する。
❷新規事業などについて触れて、感想を述べる。

Q115 これまでの作品で誇れるものは？
（クリエーティブ職）

面接官の質問の意図
①実務経験に信憑性があるか？
②自社の方向性とマッチするか？
③制作の方向性が合致するか？

回答のコツ
●応募企業が興味を持つ作品についてアピールする。

OK 回答例（クリエーティブ職）

　ウェブデザイナーとして、昨年制作した通販サイトは、月間平均15万PVのアクセス、売上高でそれまでのサイトの2倍を計上できました。また新規ショッピングモールのホームページは、目標の1.2倍の来場者数を集めました。既存の方法にとらわれず市場の動向やニーズをつかんで制作したことが、成功の要因だと考えます。

 Point
❶自己満足ではなく実績を示してアピールする。
❷成果について客観的な分析を簡潔に述べる。

第6章　職種別の質問と回答例

製造職 Q116 これまでの経験から発揮できる強みは?

面接官の質問の意図
①自社で求めている実務能力があるか?
②チームワークで仕事ができるか?
③前向きに仕事を行なっていくか?

回答のコツ
● 応募企業で活用できる経験とチームワークを発揮できることを語る。

OK 回答例（製造職）

食品製造の経験から、予期せぬトラブルについて冷静かつ迅速に対応し確実に製造することができます。天候を見極めながら、ラインのシフト管理を行ないました。各店舗の納品時間に合わせて配送時間が決められていますので、作業工程を予測したうえで、品質管理に注意して製造を行なっていました。

 Point
❶経験に裏付けられた強みは信憑性がある。
❷応募企業が同様の職務であれば興味を持たれる。

製造職 Q117 製造職として心掛けていることは?

面接官の質問の意図
①責任感と技術力があるか?
②問題改善意識があるか?
③チームワークを発揮できるか?

回答のコツ
● 責任感、チームワーク、技術力をキーワードとして回答する。

OK 回答例（製造職）

自動車製造工場ではミスが重大な事故につながるので、気を緩めることなく、常に作業工程を確認し作業を行なうよう心掛けています。少しでも問題があれば、関係部署と連絡を取り解決するようにしました。製造技術について常に自己啓発していくことも、製造職として大切な心構えだと思います。

 Point
❶経験に基づく心掛けを簡潔に述べる。
❷技術力を自ら高めようとする姿勢は評価される。

学校事務職 Q118 学校事務職として発揮できる強みは?

面接官の質問の意図
① 職務を的確に理解しているか?
② 職務経験の汎用性が期待できるか?
③ 職務能力に信憑性があるか?

回答のコツ
● 求人要項から求められている職務を想定したうえで関連する部分を強みとする。

OK 回答例(学校事務職・未経験)

2点あります。第1に前職で総務職として備品管理及び調達、会社のホームページ管理、社内報の作成などを行なってきた経験を生かして、御校でも即戦力として実務ができます。次に新卒学生の採用を行なっていましたので、高等学校の進路指導の先生との人脈を、学生募集に生かせると思います。

Point
❶ 複数の強みは、最初に何点あるか説明する。
❷ 学校事務職の経験がなくても関連する実務をアピールする。

学校事務職 Q119 なぜ学校事務職に就きたいのですか?

面接官の質問の意図
① 職務について理解しているか?
② 汎用性のある実務能力があるか?
③ キャリアビジョンを持っているか?

回答のコツ
● 教育についての考えと、生かせる実務能力をアピールする。

OK 回答例(学校事務職・未経験)

人事として大学生の面接を行なっていますが、将来の夢もなく自信を喪失している学生がいます。将来を担う人材を輩出する大学の役割は、ますます重要になってくると感じたことが、大学事務職に就きたい理由です。将来は、キャリア支援も行ないたいと考え、キャリアカウンセラーの資格取得に向けて勉強しています。

Point
❶ 経験から得た感想や考え方は説得力がある。
❷ 応募職種で生かせる資格であれば、一定の評価を得られる。

管理職 Q120 前職の管理職経験をお話しください。

面接官の質問の意図
①管理職経験に信憑性があるか？
②具体的な成果が盛り込まれているか？
③自社で求める管理職像に近いか？

回答のコツ
● 自慢話にならないよう注意し、応募企業で発揮できる管理職経験を強調する。

OK 回答例（管理職）

前職では、営業課長として①10名の部下を管理していました。部下に対して、考えさせて習得させることを実践しました。その結果営業担当者が売上に責任と自覚を持ち、課の売上予算を達成することができました。②売れる営業社員を育成し、結束力のある部門にまとめることが管理職としての役割だと認識しています。

 Point
① 具体的な数値を盛り込むと信憑性が増す。
② 管理職としての考え方や成功事例を語り、強みをアピールする。

管理職 Q121 管理職での失敗経験はありますか？

面接官の質問の意図
①管理職としておごりはないか？
②失敗から得た経験を生かしているか？
③失敗を成果に結び付けているか？

回答のコツ
● 失敗がないでは、問題意識がないととらえられるので、不安にさせない経験を語る。

OK 回答例（管理職）

結果だけを追いかけ実績を上げた部下のみ評価していたときがありました。その結果、能力があっても①実績を上げられない部下が定着せず悩んだ時期がありますが、プロセスも重視し部下とコミュニケーションを積極的に取るようにしたところ、②定着率も上がり活力のある部を構築できました。

 Point
① マイナスのイメージを与える失敗経験について、すべて正直に語る必要はない。
② 失敗を改善することで到達した成果を回答する。

第**7**章

聞きにくい質問
（応募者からの逆質問）

「残業」、「休日出勤」、「育児休暇」などについて、面接時に質問をすると労働条件や職場環境にこだわる応募者だと受け取られる可能性があります。面接官に不信感を持たれず、応募企業の状況を確認する質問のコツを説明しましょう。

なお、これらの質問は、応募企業が求めている人材を把握したうえで行ないましょう。

昇給・昇格 Q122　どのようなポジションに就ける可能性があるか確認したいとき。

応募者の質問の意図

① 将来、昇給や昇格が期待できるか？
② 異動が頻繁に行なわれる可能性があるか？
③ キャリアプランが構築されているか？

質問のコツ

- 求められている職務をまずは全うすることを伝える。
- 積極的に仕事に取り組む姿勢を示す。
- 目指す方向性と合致するか見極める。

OK 質問例（事務職）

御社に入社できましたら、①1日でも早く戦力となれるよう頑張りたいと思います。これまでの経験を生かして積極的に仕事に取り組み、成果を出していきたいと思いますが、御社では②ジョブローテーションや異動などは頻繁に行なわれているのでしょうか？ またキャリアパスについてよろしければご説明いただけますでしょうか？

NG 質問例（事務職）

私は、正当な評価をしてくれる企業を希望しています。③前職では年功序列型の人事で、昇給や給与も期待できるものではありませんでした。御社では、入社後どれくらいで昇格できるのでしょうか？ また④昇格に伴い、給与の大幅なアップが期待できるのでしょうか？

Point

① 求められている職務で戦力になることを伝える。
② 質問内容を把握できなくなるので、多くても2つ程度の質問にとどめる。

Point

③ 前職の不平や不満を述べても、能力のある人材だとは評価されない。
④ 昇格、昇給は実力次第という回答で終わってしまう。

転勤 Q123 転勤について知りたいとき。

応募者の質問の意図
①転居を伴う異動があるのか？
②転勤は頻繁に行なわれているのか？
③異動に伴い職務が変わる可能性があるのか？

質問のコツ
● 現状を見極めるうえで転勤が可能という姿勢で質問する。
● 社員により異なるという前提で質問をする。
● 現状を聞き出したうえで、入社するか検討すればよい。

OK 質問例（営業職）

①仕事のスキルを高めていき、多くの経験を積んでいくことが大切だと考えます。御社は全国に支店をお持ちですが、将来転勤や職務の変更の可能性はありますでしょうか？ 社員の適性や能力によって異なり、将来のことは分からないかと思いますが、②既存社員の方々のおおまかな状況についてお聞かせいただければと思います。

NG 質問例（営業職）

子供が現在小学生で、近い将来、両親の介護も必要になると思いますので、③転居を伴う異動は難しいと思います。子供だけでしたら④家内に任せて単身赴任もできますが、両親と子供の面倒をすべて家内に任せることはできません。御社では支店が全国にあるので、転勤の可能性があるのでしょうか？

Point
①転勤や異動も可能だという姿勢を示して質問をする。
②おおまかな現状について質問をすれば、回答しやすくなる。

Point
③転居について質問をされなければ、内定後に伝えることもできる。
④家庭の事情を説明しても採用にはつながらない。

第7章 聞きにくい質問（応募者からの逆質問）

時間外労働 Q124 残業や休日出勤について知りたいとき。

応募者の質問の意図
① 残業が多いのか？
② 頻繁に休日出勤があるのか？
③ サービス残業があるのか？

質問のコツ
- 残業や休日出勤ができるという姿勢で質問をする。
- 2次質問で残業手当が支給されるか確認する。
- 回答から労働条件が合わなければ、入社しなければよい。

OK 質問例（経理職）

　①時間内に効率を上げて仕事をするのはもちろんですが、前職では残業や休日出勤があり、積極的に行なってきました。納期や期日を守るためにも、残業や休日出勤は当然だと考えますが、御社はいかがでしょうか。②部署や時期によっても異なるかと思いますが、おおよその残業時間について教えていただけますでしょうか？

NG 質問例（経理職）

　前職では、残業が月に100時間を超えることがありましたが、③30時間を超える残業時間については、残業手当も支給されず、納得がいきませんでした。休日出勤も突然上司から言われることが多く、休みの予定も組めませんでした。御社では、残業はどのくらいあるのでしょうか？ ④念のためですがサービス残業はないでしょうね。

Point
① 前職でも残業や休日出勤を行なってきたと語る。
② 部署や時期により異なるという前提で質問をする。

Point
③ 前職の不平、不満を述べても理解はなかなか得られない。
④「残業手当は支給されるのでしょうか？」と質問する。

育児休暇 Q125 育児休暇について知りたいとき。

応募者の質問の意図
① 育児休暇が取得できる企業か？
② 育児休暇を取得している社員がいるか？
③ 女性社員についての待遇はどうか？

質問のコツ
- 長く勤務して貢献したい姿勢で質問をする。
- すぐに取得するという姿勢では質問しない。
- 現在取得している社員がいるか確認する。

OK 質問例（商品開発職）

❶仕事は私の生活の一部ですので、現在結婚の予定はありませんが、仮に結婚しても仕事は続けていき、❷スキルを高めて御社で必要とされる人材になりたいと考えています。御社は女性社員が多いように感じますが、子供を産んでも仕事を続けていらっしゃる方は多いのでしょうか？

NG 質問例（商品開発職）

女性は仕事をしていくうえで、出産、育児という問題があります。❸育児休暇は法律で定められているので、御社でも当然取得できるものと思いますが、実態はいかがでしょうか？❹女性社員に対しての待遇がしっかりしている会社に入社したいです。

 Point
❶近々、育児休暇を取得するつもりはないことを示す。
❷仕事のとらえ方、姿勢を示したうえで質問をする。

 Point
❸面接官は責められていると感じるかもしれない。
❹入社を決めるのは応募者側だと受け取られかねない。

第7章 聞きにくい質問（応募者からの逆質問）

Q126 若い社員が多いので平均年齢について知りたいとき。

平均年齢

応募者の質問の意図
①平均年齢が若く離職率が高いのではないか？
②若い社員が多いので合わないのではないか？
③経営者のカリスマ性が強いのではないか？

質問のコツ
●応募企業の状況を肯定したうえで質問をする。
●優秀な若い人材が多いためと想定して質問をする。
●回答内容に対して不安な表情を見せず共感する。

OK 質問例（施工管理職）

　前職では、❶平均年齢が高く社員の在籍期間も長い年功序列型の体制で活気がなかったのですが、御社の社員の方々は、若くて活気があるように感じています。御社はこれからますます伸びていく❷企業であり若い社員の方々が生き生きと働いているのではと思い質問をさせていただきますが、平均年齢はどのくらいでしょうか？

NG 質問例（施工管理職）

　前職では、❸平均年齢が高く勤続年数も長い社員が多かったのですが、御社の社員は若い方が非常に多く、❹平均年齢が若いように感じますが、実際はいかがでしょうか？ 今回の転職では長く勤務できる会社を希望しており、平均年齢が若いとうまくやっていけるか不安になり質問をさせていただきます。

 Point
❶前職の状況を述べることで、回答を得やすくなる。
❷応募企業の社員を褒めたうえで事実を聞き出す。

 Point
❸前職の方が合っているという印象を与える。
❹応募企業の現状に不安を抱いていると受け取られる。

有給休暇 Q127　有給休暇を取得できるか知りたいとき。

応募者の質問の意図
①有給休暇が取得できる労働環境か？
②思っている以上に忙しい企業ではないか？
③有給休暇は希望通り取得できるか？

質問のコツ
- 仕事を積極的に行なう姿勢を示して質問をする。
- 有給休暇が欲しいからと悟られないようにする。
- 仕事の進め方などを確認しながら質問をする。

OK 質問例（エンジニア職）

前職ではプロジェクト単位で仕事をしており、3カ月ワンクールのプロジェクト期間は、❶仕事をしているときが本当に楽しく、時間を忘れるほど夢中になってしまい、プロジェクトの合間に休みを取るような状況でした。御社の仕事も大変やりがいがあると思いますが、❷社員の方は有給休暇を取られることがあるのでしょうか？

NG 質問例（エンジニア職）

前職では3カ月程度のプロジェクト期間は、❸有給休暇はおろか休みもほとんど取れない状況でした。仕事に打ち込み過ぎて体を壊してしまうのではと不安を抱えて仕事をしていました。御社では❹有給休暇が取得できないようなことはないかと思いますが、いかがでしょうか？

 Point
❶自分の意思で有給をあまり取らなかったと説明する。
❷有給を取らないというニュアンスで質問をする。

 Point
❸前職のことであっても、ネガティブな印象を与えないようにする。
❹当社も取りにくいと言われたときに返す言葉がなくなる。

第7章　聞きにくい質問（応募者からの逆質問）

営業ノルマ Q128 営業ノルマがあるか知りたいとき。

応募者の質問の意図

① ノルマが厳しくやっていけないのではないか？
② 営業成績が悪くてもやっていけるか？
③ 日々のノルマを達成できないと帰れないのではないか？

質問のコツ

- 営業にノルマは当然だという姿勢で質問をする。
- これまでもノルマがあったと語り現状を探る。
- 面接官の回答に対して共感し、やる気を示す。

OK 質問例（営業職）

❶営業では目標やノルマを達成しようとする意欲が大切だと考えています。前職では売上にノルマがあり、戦略を構築し実践することで、達成してきました。❷御社の営業でもノルマがあるかと思いますがいかがでしょうか？

NG 質問例（営業職）

前職は、非常に厳しい日々のノルマがあり、❸達成できるまで会社に戻るなと上司からよく言われました。売上は大切かもしれませんが、❹ノルマが厳しいことで予定も立てられず、精神的にも相当な負担になりました。同期も半数近くが退職してしまいました。御社ではノルマについていかがでしょうか？

 Point
❶ノルマを肯定したうえで、現状の本質を探る。
❷現状を知ったうえで、入社すべきか考えればよい。

 Point
❸売上を達成できない応募者というイメージを与える。
❹ノルマがあると回答されたとき対応に困る。

おわりに

　最後までお読みいただき、ありがとうございました。本書をお読みになったあなたは、面接官の質問の意図を理解し、求められている回答を理解できるようになったと思います。

　面接は筋書きのない舞台です。しかし想定される台本は存在します。準備をせずに面接に臨むことは、役者が台本を読まずに芝居をするのと同じです。応募者が言いたいことを話すだけでは、面接官の気持ちを動かすことはできません。

　本書は、面接で想定される質問の意図と、それに合う回答とそうでない回答について書かせていただきました。最後まで読まれたあなたは、質問の意図を理解し、面接官に採用したいと思わせる回答ができるはずです。

　先日私が行なっている『転職道場』へ、遠方から航空機を使って面接トレーニングを受けに来た方がいました。想定される回答をあらかじめ準備して本番の面接に臨んだのですが、まさに予想通りの質問を受け、見事に内定を勝ち取りました。準備を怠らず真剣に取り組んだ成果だと思います。

　面接では、応募者が面接官の質問の意図をくみ取り、求められている人材に近づく努力をして回答することが必要です。面接官の感情を動かし、あなたと一緒に働きたいと思わせる回答をすることが大切です。いくら優秀な応募者でも仲間として働きたくないと思われたら、採用には至りません。

　本書をお読みになった皆さんが、面接を成功させて内定を勝ち取ることを心から祈願しています。

谷所　健一郎

【著者紹介】谷所 健一郎（やどころ けんいちろう）

有限会社キャリアドメイン（https://www.careerdomain.net）代表取締役。
キャリア・デベロップメント・アドバイザー（CDA）。
外食産業の株式会社綱八の人事部長として勤務後独立。自らの転職経験と1万人以上の面接経験から、『マイナビ転職』での連載や、人事、就職、転職関連の書籍を数多く執筆。求職者向けセミナー、講演を精力的に行なう。『ヤドケン転職塾』『キャリアドメインマリッジ』運営のほか、転職・就活 DVD を制作。
主な著書に小社の『採用獲得のメソッド　転職者のための職務経歴書・履歴書・添え状の書き方』、『採用獲得のメソッド はじめての転職ガイド 必ず成功する転職』など多数。

編集	有限会社ヴュー企画
カバーデザイン	掛川 竜
本文デザイン	高橋デザイン事務所（高橋秀哉／高橋芳枝）
イラスト	門川洋子

採用獲得のメソッド
転職者のための面接回答例

著者	谷所健一郎
発行者	角竹輝紀
発行所	株式会社 マイナビ出版
	〒101-0003
	東京都千代田区一ツ橋 2-6-3 一ツ橋ビル 2F
	電話　0480-38-6872（注文専用ダイヤル）
	03-3556-2731（販売部）
	03-3556-2735（編集部）
	URL　https://book.mynavi.jp
印刷・製本	中央精版印刷株式会社

※定価はカバーに表示してあります。
※落丁本、乱丁本についてのお問い合わせは、TEL0480-38-6872（注文専用ダイヤル）、
　電子メール sas@mynavi.jp までお願いします。
※本書について質問等がございましたら、往復はがきまたは返信切手、返信用封筒を同封のうえ、
　㈱マイナビ出版編集第2部までお送りください。
　お電話でのご質問は受け付けておりません。
※本書を無断で複写・複製（コピー）することは著作権法上の例外を除いて禁じられています。
© Kenichiro Yadokoro
© Mynavi Publishing Corporation
Printed in Japan